AF094181

www.ingramcontent.com/pod-product-compliance
Lightning Source LLC
LaVergne TN
LVHW020444070526
838199LV00063B/4849

9789358720228

بر گردنِ راوی

مصنف:

ایم۔ اے۔ وحید

© M. A. Waheed

Bar gardan-e-raawi *(Humorous Essays)*
by: M. A. Waheed
Edition: April '2024
Publisher :
Taemeer Publications LLC (Michigan, USA / Hyderabad, India)

ISBN 978-93-5872-022-8

مصنف یا ناشر کی پیشگی اجازت کے بغیر اس کتاب کا کوئی بھی حصہ کسی بھی شکل میں بشمول ویب سائٹ پر اَپ لوڈنگ کے لیے استعمال نہ کیا جائے۔ نیز اس کتاب پر کسی بھی قسم کے تنازع کو نمٹانے کا اختیار صرف حیدرآباد (تلنگانہ) کی عدلیہ کو ہوگا۔

© ایم۔اے۔وحید

کتاب	:	**برگردنِ راوی** (مزاحیہ مضامین)
مصنف	:	**ایم۔اے۔وحید**
صنف	:	طنز و مزاح
ناشر	:	تعمیر پبلی کیشنز (حیدرآباد، انڈیا)
سالِ اشاعت	:	۲۰۲۴ء
صفحات	:	۱۲۲
سرورق ڈیزائن	:	تعمیر ویب ڈیزائن

اندرونِ صفحات

تعارف	عابد علی خاں	6
میرا خیال ہے	فکر تونسوی	9
پیش لفظ	مجتبیٰ حسین	11
عرضِ مصنف		22

بیوی	26
پان	36
کتوں کا شوق	44
کایا پلٹ	55
دروغ گوئی	64
خورونوش کے آداب	73
قاضی صاحب	82
قہقہوں کی طبی اہمیت	94
میس اللہ دام	100
ویمنس کالج (کوٹھی) کے بندر	110
ڈلامیوڈ	114

تعارُف

جناب وحید صاحب کے مزاحیہ مضامین کے پہلے مجموعہ کا تعارف لکھتے ہوئے مجھے دوہری مسرت ہے۔ سب سے پہلے تو ان کا شوقِ مضمون نگاری ہے۔ وہ تقریباً ایک دہے سے جدہ میں مقیم ہیں اور انشورنس کے پیشے سے وابستہ ہیں۔ اپنی مصروفیات کے باوجود مضمون نگاری کا تسلسل جاری رکھے ہوئے ہیں۔ جدہ سے ان کے مزاحیہ مضامین جب بھی آتے ہیں، ترجیحی بنیاد پر اس لیے شائع کیے جاتے ہیں کہ ہمارے نوجوان دیارِ غیر میں بھی روزگار کے ساتھ علم و ادب کی خدمت میں

مصروف ہیں۔

یہ بڑی خوشی اور فخر کی بات ہے کہ عرب ممالک میں حیدرآبادی نوجوان مضمون نگاری، مشاعرے اور ادبی محفلوں کے ذریعہ اُردو کی خدمت کے علاوہ فکر اور دانش کے چراغ بھی روشن کیے ہوئے ہیں۔ وحید صاحب بھی انہی حیدرآبادیوں میں سے ہیں جو مطالعہ اور مضمون نگاری میں مشغول رہتے ہیں۔

وحید صاحب کے دو تین ہلکے پھلکے مزاحیہ مضامین میں نے پڑھے تھے۔ چند مہینے پہلے جب وہ حیدرآباد آئے تو مجھ سے بھی ملاقات کی اور ارادہ ظاہر کیا کہ وہ اپنے مضامین کا مجموعہ مرتب کرنا چاہتے ہیں —— ہر نئی کتاب ادب میں ایک اضافہ ضرور ہے مگر اس دور میں کتابوں کی نکاسی مشکل ہوگئی ہے۔ میں نے تصویر کا دوسرا رُخ انھیں بتایا مگر اس عرصہ میں انھوں نے کچھ اور مضامین لکھے اور جب اس مرتبہ ہندوستان آئے تو مجتبیٰ حسین سے ان کی ملاقات ہوگئی۔ مجتبیٰ صاحب نے نہ صرف ان مضامین کا مطالعہ کیا اور اپنی پسند کا اظہار کیا بلکہ مجتبیٰ صاحب کا مشورہ مصنف کے لیے مہمیز کا کام کر گیا۔ انھوں نے مقدمہ لکھنے سے بھی اتفاق کیا۔ مجتبیٰ حسین صاحب کی اس ہمت افزائی کا یہ نتیجہ ہے کہ اُردو مزاحیہ ادب میں ایک نئی کتاب کا اضافہ ہو رہا ہے۔ مجھے دوہری خوشی اس لیے ہے کہ سیاست میں جو مضامین شائع ہوئے ہیں وہ اکثر کتابی شکل میں شائع ہوئے ہیں۔ مجھے بطور خاص دو کتابوں کا خیال اکثر آتا ہے جو کرنل حمایت بیگ اور تعرج احمد خاں کے

سیاست میں شائع شدہ دلچسپ مضامین کا مجموعہ ہیں۔ ایسی کتابوں کی اشاعت سیاست اور اس کے معزز قاری دونوں کے لیے قابلِ فخر ہے۔

وحید صاحب مزاح نگاروں کی اس نئی نسل سے تعلق رکھتے ہیں جس نے مجتبیٰ حسین اور نریندر لوتھر کے اندازِ بیان کے امتزاج سے اپنا راستہ تلاش کیا ہے۔ میں یہ نہیں کہتا کہ وحید صاحب ایک کامیاب مزاح نگار ہیں مگر یہ ضرور کہوں گا کہ انھوں نے اس میدان میں اطمینان سے قدم رکھا ہے اور حیدرآباد کے مزاح نگاروں کی صف میں داخل ہو رہے ہیں۔

ہلکے پھلکے دلچسپ مضامین کی بھی اہمیت ہوتی ہے۔ حضور نظام کے انتقال کے بعد ان کی میز پر سے نریندر لوتھر کی کتاب "بند کواڑ" پائی گئی تھی۔ اس سے اندازہ لگایا جاسکتا ہے کہ ہلکا پھلکا ادب اور دلچسپ مزاحیہ خاکے اب پڑھنے والوں کی ایک ضرورت بن گئے ہیں۔

وحید صاحب کا مجموعہ "برگردن راوی" بھی اس میں ایک قابلِ قدر اگر نہیں تو قابلِ ذکر اضافہ ضرور ہوگا۔

یکم اکتوبر ۱۹۸۳ء —— عابد علی خاں

میرا خیال ہے...

میرا خیال ہے (اور وحید صاحب بھی مجبوراً اس سے اتفاق کریں گے) کہ طنز و مزاح کی کامیابی کے لیے چند آسیبوں کی ضرورت ہوتی ہے جو بھونڈی اور مضحکہ خیز حرکتیں فرمائیں۔ یہ آسیبوں کی ٹریجڈی ہے یا وحید صاحب کی کامیڈی کہ آسیب نہ صرف انھیں دکھائی دے گئے بلکہ ان کے تجربے اور قلم کے سامنے مضحکہ خیز حرکتیں کرتے ہوئے گزرے۔ اور وحید صاحب کی نگاہ نے انھیں گرفت میں لے کر ہمارے سامنے پیش کر دیا کہ ان پر ہنسیے یا شرمائیے —— دونوں عوامل پر کوئی پابندی نہیں۔

یہ آسیب پُراسرار نہیں ہیں۔ ہم اُن پر اور وہ ہم پر دن رات گزرتے رہتے ہیں۔ ڈرائیور، بیوی، مہمان، تقاضی، کتے، دروغ گو، پان —— بظاہر وہ بے ضرر کردار ہیں، لیکن باطن کی تہوں میں وہ آسیب بن کر چھپے رہتے ہیں۔ وحید صاحب

کی طنز نگار دیدہ وری نے ان کی مضحکہ خیزیوں کو اُبھار دیا ہے جنھیں دیکھ کر ہم مسکراتے بھی ہیں اور تاسف بھی کرتے ہیں کہ ہم ایسوں کے ساتھ کیوں جی رہے ہیں جو جینے کے تضاد کا شکار ہیں۔

وحید صاحب اخلاق اور آداب کی پرانی اعلیٰ قدروں کے بھی شناسائی ہیں اور عہدِ حاضر کی مسخ مگر پُر کشش قدروں سے بھی آگاہ ہیں۔ ان دونوں قدروں میں جو دلچسپ ٹکراؤ ہو رہا ہے، وحید صاحب کی نگارش اسی ٹکراؤ کی داستان گوئی ہے۔ اور بڑی لطیف، کہیں کہیں گہری اور کبھی نشتریت کی کیفیتیں پیدا کر دیتی ہے۔ وہ کردار نگاری پر عبور کامل رکھتے ہیں بالخصوص کردار کے اُلجھنے پھر بگڑنے پھر راہِ راست پہ آ جانے اور پھر مسخ ہو جانے پر وہ ایک طربیصورت حالات پیدا کرتے ہیں۔

یہ کہہ دینا ایک رسمی سا تبصرہ بن کر رہ جائے گا کہ بزم طنز و مزاح میں ایک نئے جوانِ رعنا کی آمد آمد ہے لہٰذا اس کا مستقبل زندہ باد! ——— کیونکہ ہر مستقبل ایک گھور اندھیرا ہے۔ وحید صاحب کے قلم کی روشنی ہی اسے تابکار بنا سکتی ہے۔ لہٰذا میں تو وحید صاحب کو یہی دعظ دے سکتا ہوں (کیونکہ دعظ دینا ہی سب سے آسان چیز ہے) کہ:

ستاروں سے آگے جہاں اور بھی ہیں
زمیں اور بھی، آسماں اور بھی ہیں

فِکر تونسوی
۲۱ر اکتوبر ۱۹۸۳ء
نئی دہلی۔

پیش لفظ

میں اپنی سالگرہ کبھی نہیں مناتا۔ پھر بھی ہر سال میرے جنم دن پر کچھ نہ کچھ ہو جاتا ہے۔ کوئی نیا دوست ملتا ہے یا کوئی نئی بات ہو جاتی ہے اس سال ۱۸ر جولائی کو اپنے دفتر میں کسی نئی بات کے ہونے کا منتظر بیٹھا تھا کہ فون کی گھنٹی بجی۔ میں نے ریسیور اٹھایا تو آواز آئی "میں وحید بول رہا ہوں"

میرے ذہن میں کئی "وحیدوں" کی یاد تازہ ہو گئی۔ بچپن سے لیکر اب تک کم از کم دو درجن وحید میرے دوست رہے ہیں۔ یہ اور بات ہے

کہ زندگی کے سفر میں کوئی یہاں گرا، کوئی وہاں گرا۔ کئی وحید تو ملک سے باہر ہیں اور خوشحال زندگی گزار رہے ہیں۔ البتہ دہلی میں رائج الوقت وحید صرف دو ہیں۔ ایک وحید تو کتابیں بیچنے کا کاروبار کرتے ہیں اور دوسرے وحید بچے پیدا کرنے کے کاروبار سے وابستہ ہیں اور خدا کے فضل سے اس وقت چودہ بچوں کے باپ ہیں۔ سمجھ میں نہیں آیا کہ ان دونوں "وحیدوں" میں سے کون سے وحید فون پر مخاطب ہیں۔ میں نے پوچھا " آپ کون سے وحید بول رہے ہیں؟ کتابوں والے یا بچوں والے؟"

دوسری طرف سے آواز آئی " ویسے تو اہلِ کتاب ہوں لیکن فی الحال میری کوئی کتاب نہیں چھپی ہے۔ اسی سلسلے میں آپ سے ملنا چاہتا ہوں۔ جدہ سے آیا ہوں۔ پورا نام ایم۔ اے۔ وحید ہے۔ کیا میں آپ کے دفتر آسکتا ہوں؟"

چونکہ دن میری سالگرہ کا تھا اور میرے نہ چاہنے کے باوجود اس دن کچھ نہ کچھ ہو جاتا ہے۔ اسی لیے میں نے ایم۔ اے۔ وحید صاحب کو دفتر آنے کے لیے کہہ دیا۔ پھر سوچتا رہا بعض اصحاب بھی عجیب ہوتے ہیں جو اپنی تعلیمی قابلیت نام کے بعد لکھنے کے بجائے نام سے پہلے لکھتے ہیں یا نام ہی ایسے رکھتے ہیں کہ ان میں ڈگری کو پہلے لکھنے کی گنجائش نکل آئے۔ فون کا ریسیور رکھنے کے بعد میں سوچنے لگا کہ زندگی میں دو درجن وحیدوں سے دوستی کے باوجود زندگی سنور نہیں سکی تو اب عمر کی

اس منزل میں ایک اور "وحید" سے مل کر کیا کرنا ہے۔ کیونکہ سارے وحید ایک جیسے ہوتے ہیں یا تو کتابیں چھاپتے ہیں یا بچّے پیدا کرتے ہیں۔ دونوں سے فرصت ملتی ہے تو خوش حال زندگی کی تلاش میں ملک سے باہر چلے جاتے ہیں۔ گویا ہر دم کسی نہ کسی "پیداواری سرگرمی" سے وابستہ رہتے ہیں۔

میں انتظار کرتا رہا کہ دیکھیں اس وقت "پردۂ غیب" سے کس طرح کے وحید صاحب ظہور میں آتے ہیں۔ میں یہ سوچ ہی رہا تھا کہ میرے کمرے کے دروازے پر لٹکا ہوا "پردۂ غیب" تھوڑا سا ہلا اور اس میں سے ایک عدد وحید صاحب ظہور میں آ گئے۔ چھریرے بدن، چمکدار آنکھوں، مناسب قد اور ہونٹوں پر بڑی معصوم اور بے ریا سی مسکراہٹ سجائے بڑے تپاک سے ملے۔

بولے "آپ شاید مجھے نہیں جانتے۔ میں آپ کو اچھی طرح جانتا ہوں۔ پندرہ سولہ سال پہلے حیدرآباد میں آپ کو جگہ جگہ دیکھا ہے۔"

میں نے کہا "بس بس! اتنا نکشاف کافی ہے۔ اب خدارا ان جگہوں کے نام نہ لیجیے جہاں آپ نے مجھے دیکھا تھا۔ پندرہ سولہ سال پہلے یوں بھی میرا کام ہی جگہ جگہ گھومنا تھا۔ کبھی غلطی سے غلط جگہوں پر چلا جاتا تھا۔ جوانی میں غلطی کس سے نہیں ہوتی۔ اگر آپ نے مجھے ان جگہوں پر دیکھا تھا تو اب اس قصہ کو یہیں ختم کیجیے کیونکہ اس کا مطلب یہ ہوا کہ آپ مجھے اچھی طرح جانتے ہیں۔ اب ذرا اپنا حال سنائیے کہ کیا کرتے ہیں۔ دیگر مشاغل

کیا ہیں۔ جدہ میں کیا مصروفیت ہے۔ اور یہ کہ اب اچانک مجھ سے ملنے کی ضرورت کیوں لاحق ہوگئی ہے۔"

بولے "آپ کے دوست شریف اسلم نے آپ کے نام ایک خط دیا ہے۔ پہلے اسے پڑھ لیجیے۔ شریف اسلم کا نام سنتے ہی میرے ہونٹوں پر ہنسی آگئی۔ یہ میرے اُن دنوں کے دوست ہیں جب ہم دونوں کے "اچھے دن" نہیں آئے تھے لیکن ان "برے دنوں" کی یاد کے آگے ہمارے سارے موجودہ اچھے دن قربان کیے جا سکتے ہیں۔ بُرے دنوں میں ہم جتنا ہنستے تھے آج شاید اچھے دنوں میں ہنس نہ پائیں۔ ہم دونوں چونکہ اُردو صحافت سے وابستہ تھے شاید اسی لیے بے سبب ہنسنا ہمیں بہت بھاتا تھا۔ مَیں بعد میں مزاح نگار بن کر دہلی آگیا اور شریف اسلم ایک لطیفہ گو کی حیثیت سے شہرت پاکر جدہ چلے گئے۔ ہندوستان چھوڑنے سے پہلے ایک دن وہ اچانک دہلی آگئے۔ بولے "آج رات ہندوستان چھوڑ کر جا رہا ہوں۔ کل سے ایک نئی سرزمین پر میری نئی زندگی شروع ہوگی۔ اب تک زندگی میں ہنسنے ہنسانے کے سوائے کوئی اور کام نہیں کیا۔ اب ذرا تعمیری کام کروں گا۔"

پتہ نہیں شریف اسلم نے وہاں جاکر کیا تعمیری کام کیا۔ تاہم اتنا یاد ہے کہ دو سال پہلے حیدرآباد میں ان سے ملاقات ہوئی تو مجھے ایک عالیشان ہوٹل میں کھانا کھانے کی دعوت دی اور اس کے ساتھ ہی ہوٹل چلنے کے لیے ٹیکسیاں منگوائیں۔ میں نے پوچھا،

" دو ٹیکسیاں کیوں منگوا رہے ہو۔ کیا لوگ بہت ہیں ؟ "

بولے " لوگ تو ہم دو ہی ہیں۔ ایک ٹیکسی میں تم بیٹھو گے اور دوسری ٹیکسی میں مَیں بیٹھوں گا۔" مَیں نے کہا " ہم دونوں ایک ٹیکسی میں بھی تو بیٹھ سکتے ہیں۔"

بولے " اگر ہم دونوں ایک ہی ٹیکسی میں بیٹھ کر چلیں تو تمھیں کس طرح پتہ چلے گا کہ مَیں جدہ میں کافی خوش حال ہو گیا ہوں اور خدا کے فضل سے ہر دوست کے لیے ایک الگ ٹیکسی منگوانے کا اہل ہو گیا ہوں۔"

اس واقعہ کے بعد احساس ہوا کہ شریف اسلم اب سچ مچ تعمیری کام کرنے لگے ہیں۔ ان کا دوسرا " تعمیری کام " مجھے یہ دکھائی دیا کہ انھوں نے وحید صاحب کا تعارف مجھ سے کرایا۔ ورنہ پرانے شریف اسلم کو مَیں نے یہی دیکھا کہ وہ الگ باندھ کے رکھتے تھے جو مال اچھا ہوتا تھا۔

غرض وحید صاحب نے اپنے حالاتِ زندگی کے ساتھ اپنی حالتِ زندگی بھی بیان کی۔

مَیں نے پوچھا " آپ کب سے جدہ میں ہیں ؟"

بولے " تقریباً چودہ برس ہو گئے۔"

مَیں نے کہا " گویا آپ کا چودہ برس کا بن باس اب پورا ہوا ہی چاہتا ہے۔"

بولے " یہ بڑا عجیب و غریب بن باس ہے۔ اس بن باس کے بعد میرے لیے نہ کوئی تخت و تاج انتظار کر رہا ہے اور نہ کسی تخت و تاج کو میری ضرورت

ہے۔ ضرورتوں کے تحت جو بن باس اختیار کیا جاتا ہے اس میں یہی ہوتا ہے۔ مگر ایک بات آپ سے یہ کہنا چاہوں گا کہ چودہ برس کے اس بن باس میں بہت کچھ پایا اور بہت کچھ کھویا لیکن ایک شئے جسے میں کبھی نہ کھو سکا وہ اُردو زبان ہے بلکہ وہاں جا کر اُردو زبان سے محبت کچھ اور بڑھ گئی ہے"۔

مَیں نے کہا "آپ ٹھیک کہتے ہیں۔ ہم بھی اردو زبان سے محبت کرنے کے لیے مُلک سے باہر جانا چاہتے ہیں لیکن کسی کو ہماری ضرورت نہیں ہے۔ اِن دنوں ہندوستان میں رہ کر اُردو سے محبت کرنا دشوار سا ہوتا جا رہا ہے۔ آپ خوش نصیب ہیں کہ ہندوستان سے باہر ہیں اور جدّہ میں بیٹھ کر اُردو کی بے لوث خدمت کر رہے ہیں۔ ہم ہندوستان میں بیٹھ کر اُردو کی جتنی بھی خدمت کرتے ہیں وہ سب کی سب بالوث ہوتی ہے۔"

وحید صاحب نے زور دار قہقہہ لگایا اور بولے "اُردو سے محبت کے نتیجے میں میرے پاس اب اتنے مزاحیہ مضامین جمع ہو گئے ہیں کہ انھیں کتابی شکل میں چھاپا جا سکتا ہے۔ آپ ان مضامین کو ایک نظر دیکھ لیں اور مشورہ دیں کہ آیا انھیں چھپنا چاہیے؟"

مَیں نے کہا "وحید صاحب! مزاح نگار ہونے کے ناطے میں کسی کو نیکی کرنے اور مزاحیہ مضامین لکھنے سے منع نہیں کرتا۔ مزاحیہ مضامین اسی لیے لکھے اور چھاپے جاتے ہیں کہ لوگ ہنسیں اور لوگوں کو ہنسانا دُنیا کا شریف ترین کام ہے۔ مزاحیہ مضامین چاہے کیسے بھی ہوں وہ

چھپ جائیں تو لوگوں کا ہنسنا برحق ہو جاتا ہے۔ یہ اور بات ہے کہ لوگ کبھی مزاحیہ مضامین پر ہنستے ہیں اور کبھی خود مزاح نگار پر۔ آپ اپنے مزاحیہ مضامین کی کتاب تو ضرور چھاپیے لیکن چھاپنے سے پہلے اپنا ایک قلمی نام بھی رکھ لیں تو کیا برا ہے۔ ایم۔ اے۔ وحید کچھ عجیب سا نام لگتا ہے۔"

بولے" جب ادب میں پہلے ہی سے ایک اے حمید موجود ہے تو اب ایم۔ اے۔ وحید میں کیا بُرائی ہے۔ یوں بھی اپنے اصلی نام سے مزاح نگاری کرنے میں کیا قباحت ہے۔ آپ بھی تو اپنے اصلی نام سے مزاح نگاری کرتے ہیں۔ لہٰذا میں بھی اپنا نام تبدیل نہیں کروں گا۔ میری جو کتاب چھپے گی اس کا حشر کیا ہوگا، یہ میں نہیں جانتا اور مجھے اس کے حشر کی پرواہ بھی نہیں ہے۔ لیکن صرف ایک کتاب کی خاطر اپنے نام کا بُرا حشر ہوتے نہیں دیکھ سکتا۔ لہٰذا میرے نام کو میرے ساتھ رہنے دیجیے۔ قلمی نام اختیار کرنے کے بعد اگر میں ادب میں کچھ حاصل نہ کرسکا تو ادب سے بھی جاؤں گا اور اپنے نام سے بھی۔"

جو آدمی اپنے نام اور اپنے مضامین کے بارے میں ایسی بے لاگ رائے رکھتا ہو اس کے مزاح نگار ہونے میں کیا شبہ ہوسکتا ہے۔ وحید صاحب نے اپنے مضامین کا مسوّدہ مجھے دیا اور دوسرے دن پھر آنے کا وعدہ کر کے چلے گئے۔ دوسرے دن ان سے پھر سرسری ملاقات ہوئی اور وہ دہلی سے چلے گئے۔

ناظرین نوٹ فرمالیں کہ وحید صاحب کی یہ پہلی کتاب نہیں ہے انھوں نے بتایا تو مجھے یاد آیا کہ ۱۹۶۷ء میں حلقۂ اربابِ ذوق کی طرف سے حیدرآباد میں جب "جشنِ مزاح" منایا گیا تو انھوں نے اس کا رپورتاژ لکھا تھا۔ اس رپورتاژ کی اشاعت کے لیے انھیں حکومتِ آندھرا پردیش کی طرف سے دو ہزار روپے کی گرانٹ بھی ملی تھی (اس زمانے میں دو ہزار روپے بہت ہوتے تھے) وحید صاحب نے پانچ سو روپیوں میں اپنا رپورتاژ چھاپا اور بقیہ ڈیڑھ ہزار روپے رائلٹی کے طور پر اپنے پاس رکھ لیے اور غالباً اسی رائلٹی کی مدد سے سعودی عرب بھی چلے گئے اور خدا کے فضل سے اب خاصی خوشحال زندگی گزار رہے ہیں گویا مزاح نگاری سے ان کا تعلق بہت پرانا، گہرا اور اٹوٹ ہے۔

وحید صاحب سے جولائی میں مختصر سی ملاقات ہوئی تھی اس کے بعد وہ ستمبر میں پھر ہندوستان آئے۔ خوش قسمتی سے حیدرآباد میں فسادات کا دور دورہ تھا۔ (بلکہ دور کم اور دورہ زیادہ تھا) اسی خیال سے دہلی میں چار پانچ دن رُک گئے۔ ان چار پانچ دنوں میں ان کا زیادہ تر وقت میرے ساتھ ہی گزرا۔ اس ملاقات میں وہ کھلے تو احساس ہوا کہ یہ تو پیدائشی مزاح نگار ہیں۔ اپنے بن باس کے ایسے ایسے واقعات سنائے کہ ہنستے ہنستے بُرا حال ہوگیا۔ ایک شام مشہور شاعر اور نقاد مظہر امام بھی ہمارے ساتھ تھے۔ مظہر امام کم گو، سنجیدہ

اور متین شخصیت کے مالک ہیں لیکن وحید صاحب کی صحبت میں وہ بھی بے تحاشہ ہنسنے پر مجبور ہو گئے۔ وحید صاحب دوستوں کی محفل میں لطیفے نہیں سُناتے بلکہ اپنے مشاہدات اور تجربات بیان کرتے ہیں۔ ان کا مشاہدہ زندگی کے ہر مضحک پہلو کو اپنی گرفت میں لینے کا اہل ہے اور وہ ایسے کسی موقع کو ضائع نہیں ہونے دیتے۔

خود ستائی ایک عام مرض ہے دوسروں کو طنز و مزاح کا نشانہ بنانے والے بعض اصحاب خود اپنی کمزوریوں کی پردہ پوشی کرتے ہیں لیکن وحید صاحب کی انفرادیت یہ ہے کہ وہ دوسروں پر پتھر پھینک کر لطف اندوز نہیں ہوتے بلکہ اپنی کوتاہیوں اور حماقتوں کا ذکر کرنے سے بھی نہیں گھبراتے۔ انسان جب قدِ آدم آئینے کے سامنے کھڑا ہو کر اپنی شخصیت کا تنقیدی نگاہ سے جائزہ لیتا ہے تو وہ بڑی حد تک حقیقت پسند ہوتا ہے۔ ایک طرف ان کی یادداشت غضب کی ہے اور انھیں برسوں پرانے واقعات بالتفصیل یاد ہیں تو دوسری طرف ان کی غائب دماغی کا بھی جواب نہیں وہ نئے مقامات اور راستوں کو ذہن نشین کرنے میں بے حد کمزور ہیں۔ انھوں نے نیا مکان خریدا تو تمام قانونی کارروائیوں کی تکمیل کے لیے ”ایجنٹ“ کی خدمات حاصل کیں۔ تمام مراحل سے گزرنے کے بعد مکان کا قبضہ حاصل کر کے وحید صاحب دوبارہ اپنے مکان کی طرف جانے لگے تو انھیں احساس ہوا کہ وہ گلی کوچوں کی بھول بھلیوں میں بھٹک گئے ہیں۔ دو گھنٹے کی متواتر کوششوں کے باوجود وہ اپنے مکان کا سُراغ

نہ پاسکے۔ تھک ہار کر انھوں نے ایک بار پھر "ایجنٹ" کی خدمات حاصل کیں اور اسی کی رہنمائی میں خود اپنے گھر پہنچے۔

ان کا ایک اور واقعہ خاصہ دلچسپ ہے۔ ایک مرتبہ ایک ایسے حادثے سے دوچار ہوئے جو منفرد کہا جاسکتا ہے۔ وہ ایک دوست کی اسپورٹس کار میں تفریح کر رہے تھے گھوم پھر کر جب گاڑی پارک کرنا چاہتے تھے تو ان سے بریک لگانے میں تھوڑی سی غفلت ہوگئی۔ نتیجہ میں وہاں کھڑی گاڑی کو زبردست چوٹ پہنچی (جو ان کی اپنی گاڑی تھی) جب پولیس قانونی کارروائی کے لیے پہنچی تو معلوم ہوا کہ وحید صاحب نہ صرف خاطی ڈرائیور تھے بلکہ پارکنگ میں ٹھہری ہوئی گاڑی کے مالک بھی وہی تھے چنانچہ وہ وقت واحد میں "مدعی" اور "مدعی الیہ" دونوں کردار ادا کرنے پر مجبور ہوگئے ——— انھیں راہِ فرار اختیار کرنے میں کمال حاصل ہے جن دنوں ان کے پاس باقاعدہ ڈرائیونگ لائسنس نہیں تھا وہ جب بھی کسی حادثے سے دوچار ہوتے تو مقامِ واردات سے راہِ فرار اختیار کر جاتے تھے۔ قطع نظر اس کے کہ وہ قصوروار رہوں یا نہ ہوں لیکن اب انھوں نے دھمکی دی ہے کہ ادبی میدان میں ان کی پذیرائی ہو یا نہ ہو وہ اس میدان سے راہِ فرار نہیں اختیار کریں گے۔ مجھے بھی ان کے حوصلے سے یہی امید ہے۔

"برگردنِ راوی" کے مضامین کے مطالعہ سے اس بات کی مزید تصدیق ہوجائے گی کہ وحید صاحب نے اپنی مزاح نگاری کا سارا مواد

زندگی سے براہِ راست حاصل کیا ہے تب ہی تو انھوں نے اپنی کتاب کے نام میں سے "دروغ" کو خارج کر دیا ہے حالانکہ اس مجموعے کے ایک مضمون کا عنوان "دروغ گوئی" بھی ہے۔ وہ زمانے لد گئے جب دروغ راوی کی گردن پر ہوتا تھا۔ اب تو بیشتر صورتوں میں راوی ہی "دروغ" کی گردن پر سوار نظر آتا ہے۔ وحید صاحب کے ان مضامین میں "دروغ" کی گنجائش ذرا کم ہی ہے۔ اس مجموعے کے اکثر مضامین کو پڑھ کر وحید صاحب کے تیز مشاہدے اور ان کی فطری ذہانت کا قائل ہونا پڑتا ہے۔

ان کے موضوعات متنوع اور ان کا پیرائے بیان نہایت دلکش ہے۔ مجھے یقین ہے کہ وحید صاحب کی کتاب "برگردن راوی" کو ادبی حلقوں میں سراہا جائے گا اور وہ مضامین کے انبار لگاتے جائیں گے۔ اور سعودی عرب میں بیٹھ کر اپنی مصروفیات کے باوجود سچے خلوص کے ساتھ اردو کی خدمت کرتے رہیں گے۔

——— مجتبیٰ حسین

نئی دہلی۔
۱۰ر اکتوبر ۱۹۸۳ء

عرضِ مُصنّف

یہ میری پہلی کوشش ہے۔ بنیادی طور پر میرا مقصد نہ تو آپ کی دل بستگی کا سامان کرنا ہے نہ ہی بور کرنا۔ درحقیقت میں نے پوری ایمانداری سے اپنے دیرینہ تجربات اور مشاہدوں کو بروئے کار لاتے ہوئے یہ مجموعہ ترتیب دیا ہے بشیتر کردار زندہ ہیں اور ہمارے معاشرے کا جز ہیں۔ میرا گناہ صرف یہ ہے کہ ان جلیل القدر ہستیوں کے چہروں کو بے نقاب کرنے کی خاطر انھیں اپنے مضامین میں قید کرنے کی کوشش کی ہے لیکن

آپ مجھ سے اس بات پر متفق ہوں گے کہ میں نے اپنے معزز مہمانوں کی خاطر مدارات میں کوئی کسر باقی نہ رکھی ہے۔ اس کے باوجود میری میزبانی میں اگر کچھ کوتاہیاں رہ گئی ہیں تو ان کے لیے میں معذرت خواہ ہوں۔

میرا مقصد کسی بھی شخصیت کی کردار کشی نہیں ہے لیکن جہاں تک حقائق کا تعلق ہے میں نے ان کے ساتھ پورا پورا انصاف کیا ہے اور جہاں تک ممکن ہو سکا، مبالغہ سے احتراز کیا ہے اس کے باوجود اگر میرے مضامین میں کہیں کہیں لغزشیں نظر آئیں تو یہ میری بددیانتی کی وجہ سے نہیں ہے بلکہ اس کو میرے مشاہدے کی کمزوری قرار دیا جا سکتا ہے۔

میرے مضامین پڑھتے ہوئے شاید آپ کو اس بات کا خطرہ مول لینا پڑے کہ کسی نہ کسی مرحلہ پر آپ یک بیک جھنجلاہٹ کا شکار ہو جائیں اور برہمی کی حالت میں کتاب کی دھجیاں اڑانے کی کوشش کریں۔ اگر ایسا ہو تو مجھے کوئی شکایت نہیں ہوگی اس لیے کہ آپ نے کتاب کی قیمت ادا کی ہے اس کے بعد آپ کچھ بھی کریں آپ کو آزادی ہے لیکن آپ کی قبل از قبل اطلاع کے لیے عرض ہے کہ شدید ردِعمل کی صورت میں بھی آپ میرا کچھ نہیں بگاڑ سکیں گے کیوں کہ آپ کے اور میرے درمیان ہزاروں میل کی دوری دیوار بنی ہوئی ہے اس کے برخلاف اگر آپ میری جرأت کی داد دینا چاہیں اور میرے بارے

میں کچھ تعریف اور توصیف کے کلمات لکھنا چاہیں تو میرا پتہ حاضر ہے۔

میں جناب پریم گوپال متل پروپرائیٹر موڈرن پبلشنگ ہاؤس نئی دہلی کے حوصلے کی داد دیتا ہوں کہ مجھ سے ملے بغیر ہی انھوں نے میرے اس مجموعہ کی اشاعت کی ذمّے داری قبول کر لی اور نہ صرف اپنی پیشہ ورانہ شہرت کو داؤ پر لگانے کے لیے تیار ہو گئے بلکہ اشاعتی اخراجات کا ایک حصہ بھی برداشت کیا۔ میری دعا ہے کہ وہ پھولیں پھلیں کیونکہ ایسے سرفروش پبلشرز بار بار کہاں ملتے ہیں جو ایک نوآموز کے مضامین چھاپنے کا حوصلہ رکھیں اور خاطر خواہ منافع کی توقع بھی رکھیں۔

میں ادارۂ "سیاست" حیدرآباد اور خصوصی طور پر پدم شری جناب عابد علی خاں صاحب (ایڈیٹر) جناب محبوب حسین صاحب جگر (جوائنٹ ایڈیٹر) اور جناب زاہد علی خاں صاحب (مینیجنگ ایڈیٹر) کا تہہ دل سے مشکور ہوں کہ ان کی عنایتوں کی وجہ سے میرے بعض مضامین کو "سیاست" کی خصوصی اشاعتوں میں جگہ ملی اس کے علاوہ وقتاً فوقتاً میری حوصلہ افزائی کرتے رہے کہ میں مضامین لکھا کروں۔ چنانچہ ان نقشوں کو ابھارنے میں "سیاست" کا بڑا ہاتھ ہے۔

میری خوش قسمتی ہے کہ اس مجموعے کو اشاعت کے مرحلے تک پہنچانے میں مجھے جناب مجتبیٰ حسین صاحب اور جناب نکہتؔ نونسوی صاحب

جیسے عظیم مزاح نگاروں کا تعاون اور سرپرستی حاصل ہوئی ہے۔ ان مہربانوں نے اپنی گوناگوں مصروفیات کے باوجود میرے لیے وقت نکالا۔ اور میرے مسودوں کو پڑھنے کے سخت اور صبر آزما مرحلے سے مسکراتے ہوئے گزرے ہیں اور ضرورت کے مطابق کئی جملوں اور محاوروں کو درست بھی کیا ہے۔ میں ان کی ذرہ نوازیوں کے لیے ممنون و مشکور ہوں۔ میں جواہر لعل نہرو یونیورسٹی کے ریسرچ اسکالر جناب سعی حسن صدیقی کا بھی ممنون ہوں جن کا بھرپور تعاون مجھے حاصل رہا ہے۔

ان مضامین کی ترتیب میں مجھے کئی مراحل سے گزرنا پڑا۔ مسودوں کی تیاری کے دوران مجھے کئی بار اپنے عزیزوں اور دوستوں سے رجوع ہو کر کئی مسائل پر گفتگو کرنے کا موقع ملا۔ چنانچہ اس معاملے میں میرے برادر نسبتی جناب محمد عبدالعزیز صاحب، بڑے بھائی جناب خواجہ پاشا صاحب، ہمشیرزادہ جناب محمد عبداللہ سعید نے میری قدم قدم پر اعانت کی۔ ان کے علاوہ جناب شریف اسلم، جناب سید اظہر علی شاہ، جناب ضیاء الرحمٰن صدیقی اور جناب علی کبیر عبیدروس نے بھی بار بار میرے مسودوں کو پڑھنے کی صعوبت برداشت کی اور مجھے اپنے مشوروں سے نوازا۔

جدہ (سعودی عرب) ——— ایم۔ اے۔ وحید

بیوی

بیوی اس وقت عالمِ وجود میں آئی جب کہ خود اس کائنات کی تخلیق ہوئی۔ ویسے یہ بھی حقیقت ہے کہ روایات کے مطابق حضرت آدمؑ کو جنت سے بے دخل کروانے میں بھی "بیوی" کا ہاتھ تھا ———— ان حقائق کے باوجود یہ بات اپنی جگہ اٹل ہے کہ بیوی ہر انسان کی سماجی ضرورت ہی نہیں بلکہ زندگی کا ایک اہم حصّہ ہوتی ہے۔ بیوی کسی بھی انسان کی زندگی کو بنانے اور بگاڑنے میں نمایاں حصّہ ادا کرتی ہے۔ وہ لوگ یقیناً خوش نصیب ہیں جن کی بیویاں خوبصورت ہونے کے علاوہ خوب سیرت بھی ہیں۔ وہ اشخاص قابلِ ہمدردی ہیں جن کی بیویاں قبول صورت ہیں لیکن بدمزاج ہیں ———— اور اُن کے دکھ کا اندازہ کرنا مشکل ہے۔ جن کی بیویاں نہ صرف بدصورت بلکہ بدمزاج بھی ہوتی ہیں گویا کریلا اور نیم چڑھا والی بات ہوتی ہے۔ بہرحال یہ اپنے نصیب اور انتخاب

کی بات ہوتی ہے ——— !

دانشوروں کا کہنا ہے کہ نوجوان شوہر کے لیے بیوی ایک نعمت، ایک حسین ساتھی اور رفیقِ حیات ہوتی ہے۔ درمیانی عمر کے لوگوں کے لیے "بیوی" بس سماجی ضرورت کی حد تک اہم ہوتی ہے۔ البتہ بوڑھوں کے لیے بیوی پیرانہ سالی میں ہمہ وقت "نرس" ہوتی ہے جو ہر نازک لمحے میں ان کی تیمارداری کرنے لگتی ہے۔ یہ بات واقعی دلچسپ ہے کہ بعض شوقین قسم کے بوڑھے اس عمر میں بھی نوجوان "بیوی" کو رفیقِ حیات بنانے کے آرزومند ہوتے ہیں حالاں کہ خود ان کی اپنی زندگی کا چراغ ٹمٹما رہا ہے۔ ایک بزرگوار نے بسترِ مرگ پر شادی کی۔ اُن کا آخری وقت آ پہنچا تو عزیز و اقارب، دعویدار اور وراثت میں ملنے والے مال و متاع کے حصول کی غرض سے ان کے اطراف جمع ہونے لگے۔ روایات کے مطابق جب اُن سے وصیت اور آخری خواہش کے بارے میں دریافت کیا گیا تو بزرگوار نے فوراً اپنی شادی کی خواہش ظاہر کی اور وہ بھی کسی دوشیزہ سے۔ رشتہ دار پریشان تھے کہ اس نازک لمحہ میں انھیں کون لڑکی دے گا جبکہ موصوف تقریباً زندہ درگور ہو چکے ہیں؟ اسی کے ساتھ وہ وراثت میں ملنے والی کثیر رقم میں بھی دلچسپی رکھتے تھے بالآخر انھوں نے خود بھاگ دوڑ کرکے ایک کمسن لڑکی فراہم کی اور شادی کا بند و بست کر ڈالا۔ اُن کی شادی کو ابھی چند گھنٹے بھی نہ گزرے تھے کہ موصوف کو دل کا آخری دورہ پڑا اور اس جہانِ فانی سے کوچ کر گئے۔

حسرت اُن غنچوں پہ ہے جو بن کھلے مرجھا گئے

دوسری طرف ایسی کم عمر خواتین کی بھی کمی نہیں جو شادی کے معاملے میں ادھیڑ عمر اور بوڑھوں کو ترجیح دیتی ہیں بشرطیکہ وہ مالدار ہوں لیکن کنجوس نہ ہوں ——— ؟ ویسے تقریباً

تمام عورتوں میں یہ رجحان پایا جاتا ہے کہ اپنے آپ کو ممکنہ حد تک کمسن ظاہر کریں۔

کچھ لوگ جو خود پسماندہ گھرانوں سے تعلق رکھتے ہیں احساسِ کمتری کا شکار ہو کر بڑے گھرانوں میں شادی کرتے ہیں تاکہ اس طرح اُن کا سماجی رتبہ بلند ہو سکے۔ چنانچہ ایسے لوگوں کی کمی نہیں جو ہر محفل میں اپنی بیویوں کے "اونچے" گھرانوں کا ڈھنڈورہ پیٹتے ہیں جبکہ یہی لوگ رسماً بھی اپنے اپنے خاندانوں کا ذکر تک کرنے سے گریز کرتے ہیں۔ بعض ایسے بھی ہیں جو ایک قدم اور آگے بڑھ کر خود اپنے خاندان کی تذلیل پر اُتر آتے ہیں۔ ہم نے ایک صاحب سے اس سلسلے میں دبے الفاظ میں احتجاج بھی کیا۔ اُن کا المیہ یہ ہے کہ ہر بڑا عہدہ دار، وزیر، سفیر یا کوئی اعلیٰ اہم شخصیت کسی نہ کسی رشتہ سے اُن کی بیوی کا عزیز ہوتا ہے۔ ہم نے اُن صاحب کو چھیڑنے کی خاطر اُن کے اپنے خاندان کے بارے میں سوالات کیے، بس پھر وہ بغلیں جھانکنے لگے۔ انھیں کمزور پا کر ہمارا حوصلہ بڑھا اور ہم نے فقرہ چست کیا۔ غالباً آپ بچپن سے یتیم ہیں؟—— ہمارے دوست اس ریمارک پر سخت برہم ہوئے اور ہمیں بُرا بھلا کہنا شروع کر دیا——!

"بیوی" کے ساتھ خوش اخلاقی سے پیش آنا نہ صرف اہم ہے بلکہ ضروری بھی ہے لیکن یہ کیا حماقت ہے کہ "بیوی" کے سامنے بھیگی بلی بن جائیں——؟ ایک صاحب کی بیوی جب کبھی تشدد پر اُتر آتی ہیں تو پنجے جھاڑ کر شوہر کے پیچھے پڑ جاتی ہیں۔ اور اکثر و بیشتر صاحبِ موصوف کی دُھول جھٹکا کرتی ہیں۔ کیا جھاڑو، کیا جوتا جو چیز ہاتھ لگ جائے اسی سے ان کی خبر لیتی ہیں۔ بے چارے اپنے سسرال سے ذہنی طور پر اتنے مرعوب ہیں کہ چاہے کھال اُدھڑ جائے کیا مجال جو اُف بھی کریں—— البتہ بزدلی کے باوجود ضرورتاً احتیاطی تدابیر اختیار کرتے رہتے ہیں۔ مثلاً اپنے جوتوں تک کا انتخاب کرتے وقت اتنی احتیاط

ضرور برتتے ہیں کہ چمڑے اور کیل کانٹوں والے جوتوں کے بجائے" ربڑ" کے آرام دہ جوتے خریدیں۔ (جو بے ضرر ہوں) ایک اور صاحب بیوی کی مسلسل گالی گفتار اور ڈانٹ ڈپٹ کے اس قدر عادی ہو گئے ہیں کہ اب سر بازار کسی بھی ایرے غیرے نتھو خیرے سے ڈانٹ کھا کر مسکراتے رہتے ہیں۔

آج کل ایک عام روش چل پڑی ہے چنانچہ شادیاں "پیکیج ڈیل" PACKAGE DEAL کی بنیاد پر ہوتی ہیں جس کی رو سے" شوہر" کو نہ صرف قانونی ذمہ داریاں سونپی جاتی ہیں بلکہ ساتھ ساتھ باقاعدہ طور پر کچھ اخلاقی معاہدات کا بھی پابند کروایا جاتا ہے شادی میں پہلے ہی" جہیز" دیں یا نہ دیں اکثر صورتوں میں" بیوی" کے ساتھ دو چار بھائی بیچارے شوہر کے گلے میں باندھ دیئے جاتے ہیں۔ ہر پھول کے ساتھ کانٹا لازم و ملزوم ہوتا ہے اسی طرح ہر خوبصورت بیوی کے ساتھ کم از کم ایک آدھ" سالا" ضروری ہے۔ بعض صورتوں میں پھول جس قدر دلکش ہو گا اسی تناسب سے کانٹے ایذا رساں ہوں گے۔ اور بعض لوگوں کا المیہ یہ ہوتا ہے کہ نہ صرف ان کی سیج خاردار ہوتی ہے (بیوی کی بدصورتی کی وجہ سے) بلکہ چاروں طرف کانٹے ہی کانٹے ہوتے ہیں (پھول سرے سے غائب ہوتا ہے) ———!

ایک صاحب شرقِ وسطیٰ میں برسرِ روزگار ہیں انھوں نے روایات کے مطابق شادی کے موقع پر اپنی ملازمت، تنخواہ اور دیگر امور کے بارے میں بلند بانگ دعوے کیے۔ خیر کسی طرح ان کی شادی ہو گئی، اس کے ساتھ ہی ان کی بیوی کی میکے سے ودائی سے قبل ہی اُن کے چار ہٹے کٹے قسم کے" سالے" ان کے ہاں پہنچ گئے۔ چار کے چار بھائی بذاتِ خود قیامت سے کم نہیں تھے۔ ایک صاحب پہلوان تھے (جنھوں نے پندرہ دن

کے اندر اندر اپنے ہی بہنوئی کو پچھاڑنے کی دھمکی دے دی) دوسرے پتنگ بازی اور کبوتر بازی کے شوقین تھے اور کبھی کبھار تفریحاً کوئی نہ کوئی کام کر لیا کرتے تھے۔ تیسرے صاحب گھوڑدوڑ کے دیوانے اور پیشہ ور جواری تھے۔ اور چوتھے معمولی نوشت و خواند سے واقف تھے۔ اِدھر بیچارہ بہنوئی جزوِ معاش تھا اُدھر صدقہ کم اور شیطان زیادہ والا معاملہ تھا۔ "سالوں" کی بازآبادکاری تو کجا، خود بہنوئی کو پردیس میں جلا وطنی کا سامنا کرنا پڑا۔

ایک اور بیوی شوہر کے ہاں پہنچی تو ساتھ میں اپنے بھائی کو بھی لے آئی۔ بھائی کیا تھا فتنہ و فساد کا جیتا جاگتا مجسمہ تھا۔ چوبیس گھنٹے مفت کی روٹیاں توڑ توڑ کر اس "جائز رشتہ" کا "ناجائز" فائدہ اُٹھاتا رہا۔ دن بھر بہن کو بہنوئی کے خلاف اور بہنوئی کو بہن کے خلاف بھڑکا کر ان دونوں کی ازدواجی زندگی میں زہر گھولتا رہا۔ بہن بہنوئی کچھ دن تو مروّت میں خاموش رہے۔ پھر دونوں نے اسے دھکے دے کر گھر سے باہر کیا تب جا کر انھیں سکون ملا۔

بیوی کا انتخاب ایک سنجیدہ مسئلہ ہوتا ہے جو محض وقتی جذبات کی بنیاد پر نہیں طے کیا جاسکتا۔ بعض اَن پڑھ اور جُزوی تعلیم یافتہ افراد میں یہ رجحان دیکھا گیا ہے کہ اپنی محرومیوں کا ازالہ کرنے کی خاطر زیادہ سے زیادہ تعلیم یافتہ بیوی حاصل کرنا چاہتے ہیں خواہ اُس کی عمر تناسب کے حساب سے اُن سے دوگنی ہی کیوں نہ ہو کچھ اور لوگ لالچ میں آکر اس قسم کی "ہمالیائی" غلطیاں کر بیٹھتے ہیں۔ ایک صاحب اپنے رشتہ داروں کے ہمراہ گھر سے چل پڑے اور اپنے لیے "بیوی" کے انتخاب میں سرگردانی شروع کردی۔ ایک جگہ رشتہ کی بات چل رہی تھی، دورانِ گفتگو موصوف کو معلوم ہوا کہ جہیز میں کافی دولت ملنے والی ہے پیسے کے لالچ میں اُن کی رال ٹپکنے لگی اس سے پہلے کہ وہ لڑکی کو دیکھتے اور اپنی پسند یا ناپسند کا اظہار کرتے۔ انھوں نے فوراً رشتہ

قبول کرلیا اور جلد بازی میں شادی بھی کرلی۔ بعد میں انھیں اپنی بیوقوفی کا احساس ہوا اس کے ساتھ ساتھ سماجی حلقوں میں چہ میگوئیاں ہونے لگیں۔

اس عاشقی میں عزّتِ سادات بھی گئی

عام طور پر کہا جاتا ہے کہ شادیاں آسمانوں میں طے ہوتی ہیں۔ ہم بھی اس نقطہ نظر سے اتفاق کرتے ہیں۔ چنانچہ آپ نے دیکھا ہوگا کہ اکثر و بیشتر صورتوں میں شوہر بیوی میں طبیعتوں کے لحاظ سے اتنی ہم آہنگی پیدا ہو جاتی ہے کہ وہ جلد یا بدیر ایک دوسرے کے ہم خیال بن جاتے ہیں۔ اگر شوہر ڈینگیں مارتا ہو تو بیوی بھی سیر کو سوا سیر کے تناسب والی ہوگی۔ اگر شوہر جھوٹ کے قلعے فتح کرتا ہو تو بیوی بھی دروغ گوئی کے میدان میں معرکہ سر کرنے لگے گی۔ ایک صاحب کو دوسروں کی جاسوسی کا شوق ہے اس سلسلے میں شوہر بیوی بالکل ہم خیال ہیں۔ ہر روز کہیں نہ کہیں ملاقات کے بہانے اپنی معلومات میں اضافہ کرنے پہونچ جاتے ہیں۔ شوہر تمام خارجی معاملات مثلاً ڈرائنگ روم سے لے کر میزبان کی ملازمت وغیرہ کی تفصیلات جمع کرتے ہیں۔ اس دوران بیوی داخلی اُمور مثلاً بیڈ روم سے لے کر باورچی خانے تک کے ہر پہلو کا جائزہ لینے لگتی ہیں جب دونوں کے پاس معلومات کا بھرپور ذخیرہ جمع ہو جاتا ہے تو فوراً کسی اور کے ہاں پہونچ کر اپنا بوجھ ہلکا کرتے ہیں۔ توڑ جوڑ کے ماہر ہیں۔ دنگا فساد کرانے میں اتنے باکمال ہیں کہ اب تو اعتماد کے ساتھ کہتے ہیں کہ کس کس کے درمیان کب کب اختلافات ہو سکتے ہیں۔ اس تعلق سے باقاعدہ پیشین گوئیاں بھی کرتے ہیں۔ شوہر بیوی کے مزاج اور کردار میں اس قدر ہم آہنگی کو دیکھ کر ہم بے اختیار یہ کہنے پر مجبور ہو گئے ہیں ؎

پہنچی وہیں پہ خاک جہاں کا خمیر تھا

لیکن اس کے ساتھ ہی ہم یہ بھی سوچتے ہیں کہ اگر قدرت کی طرف سے مزاجوں میں آتنا تال میل ہو تو کیا ہوگا؟

یورپ و امریکہ میں بیوی کے رشتہ داروں میں "ساس" کا رشتہ شجرِ ممنوعہ کی حیثیت رکھتا ہے۔ چنانچہ وہاں کے لوگ کسی قیمت پر "ساس" کو برداشت کرنے تیار نہیں ہوتے۔ درحقیقت وہاں پر خود شوہر بیوی کے تعلقات میں بھی جذبات کی کوئی اہمیت نہیں ہوتی۔ ہر بات سماجی مصلحتوں کی کسوٹی پر پرکھی جاتی ہے۔ آنا فاناً شادی اور جھٹ پٹ طلاق عام بات ہے۔ ایک امریکی انجینئر کو مشرقِ وسطیٰ میں معقول تنخواہ پر ملازمت کی پیش کش ملی۔ چنانچہ وہ امریکہ سے روانہ ہونے لگا تو اس نے بیوی سے خواہش کی کہ وہ بھی ساتھ میں ہمسفر ہو۔ بیوی کو مشرقِ وسطیٰ آنا منظور نہ تھا چنانچہ اس نے اوّل تو ساتھ چلنے سے انکار کیا اور دوسری طرف فوراً طلاق حاصل کرلی۔ بیچارہ شوہر تن تنہا ملازمت پر پہنچا۔ لیکن بیوی کی جدائی میں اس قدر متاثر رہا کہ چند ماہ بعد خود بھی ملازمت سے استعفیٰ دے کر امریکہ واپس چلا گیا۔ بعد کی اطلاع ہے کہ اس نے پھر سے اپنی "مطلقہ" بیوی سے شادی کرلی۔

ایک "گرہست" قسم کے شوہر نے چولھے چکی اور تمام امورِ خانہ داری کی ذمّے داری خود سنبھال لی ہے۔ دن بھر گھریلو کاموں میں مصروف رہتا ہے۔ مصالحے پیسنے سے لے کر بچوں کو نہلانا، کپڑے دھونا غرض سب کچھ خندہ پیشانی سے کرتا ہے۔ بیوی ملازم پیشہ ہے۔ چنانچہ روزشام کو تھکی ماندی گھر پہنچتی ہے تو اس وقت تک شوہر گھر کے کام کاج سے فارغ ہوکر خود بناؤ سنگھار کرکے بچوں کے ساتھ تیار بیٹھا رہتا ہے۔ جوں ہی بیوی گھر میں داخل ہوئی سب مل کر کہیں نہ کہیں گھومنے باہر نکل جاتے ہیں۔ کبھی کبھار

بیوی دیر سے گھر پہنچتی ہے تو شوہر گھر میں پڑے پڑے مختلف وسوسوں اور اندیشوں میں مبتلا ہو کر، عورتوں کی طرح کبھی سسک سسک کر آہیں بھرتا اور کبھی گلا پھاڑ پھاڑ کر روتا ہے۔ دکھ تو یہ ہے کہ بے چارے کی اپنی کوئی منزل، کوئی ٹھکانہ نہیں ہوتا۔ بیوی کی ملازمت پر شوہر کی زندگی کا بھی دار و مدار ہوتا ہے چنانچہ اگر بیوی بمبئی میں نوکری کرتی ہوتی تو خود بھی وہیں رہتا ہے۔ اگر بیوی کا تبادلہ بنگلور ہو جائے تو پھر یہ بھی اپنا بوریا بستر سمیٹے بنگلور پہنچ جاتا ہے۔ خود غمِ روزگار سے آزاد ہے اس لیے اور کرے بھی کیا ——؟

جہاں ایک بیوی کا وجود خود ایک بارِ گراں سے کم نہیں ہوتا۔ ایک دولت مند نے وقتِ واحد میں کئی بیویاں پال رکھی ہیں۔ ان کا خاندان بذاتِ خود ایک کالونی سے کم نہیں۔ جس میں چار بیویوں اور چالیس سے زیادہ بچوں کی کفالت کرتے ہیں۔ بیویوں اور بچوں کا باقاعدہ حساب رکھنے کے لیے ملازم رکھے گئے ہیں۔ رجسٹر میں تمام بیویوں اور بچوں کا اندراج کیا گیا ہے۔ نام کے بجائے کوڈ نمبر استعمال کیے جاتے ہیں۔ سواری کے لیے چھوٹی موٹی کار کے بجائے ایک بس خریدی ہے جلدوں بیویوں اور بچوں کو علیحدہ علیحدہ رنگوں کے کپڑے پہنائے جاتے ہیں تاکہ شناخت میں سہولت ہو۔ بچوں کے لیے خود ایک اسکول کھول رکھا ہے۔ جس طرح ہاتھی کے دانت کھانے کے اور، دکھانے کے اور ہوتے ہیں اسی طرح ان صاحب کی بیویاں بھی ہمہ گیر صفات کی حامل ہیں۔ دو بیویاں جو کسی قدر خوبصورت ہیں یکے بعد دیگرے محفلوں میں ان کے ساتھ جاتی ہیں۔ پہلی بیوی جو تاش کے باون پتوں کو صرف سونگھ کر پہچان سکتی ہیں شوہر کے ساتھ کلب جاتی ہیں۔ دوسری جو گھوڑوں کے تاریخ و جغرافیہ سے بخوبی واقف ہیں ریس کورس جاتی ہیں۔ دوسری دو بیویاں زیادہ تر پردہ میں رہتی ہیں۔ ان میں سے ایک گھر کی چار دیواری میں رہ کر نگران کرتی ہیں۔ چوتھی بیوی جو ذرا پسماندہ

ماحول سے تعلق رکھتی ہیں ریزرو RESERVE میں رہ کر ناگہانی حالات میں فرائض انجام دیتی ہیں۔ مزہ تو اس وقت آتا ہے جب اُن کی چاروں بیویاں اور بچے آپس میں لڑتے ہیں۔ اس وقت نہ صرف گھر کا ماحول آلودہ ہوتا ہے بلکہ سارے علاقے کا امن و امان درہم برہم ہو جاتا ہے اکثر حالات قابو سے باہر ہو جاتے ہیں تو انھیں مجبور ہو کر پولیس کی خدمات حاصل کرنی پڑتی ہیں چنانچہ پولیس مقام واردات پر پہونچ کر کبھی صرف لاٹھی چارج اور کبھی اشک آور گیس کا استعمال کرنے پر مجبور ہوتی ہے تب کہیں جا کر صورت حال پُر سکون ہوتی ہے۔ جب بھی مطالبات منوانے ہوں ان کی بیویاں اور بچے احتجاجی طریقے اختیار کرتے ہیں۔ باقاعدہ ہڑتال کرنے کے علاوہ صاحبِ موصوف کا "گھیراؤ" کرنے سے بھی باز نہیں آتے۔ چار و ناچار انھیں مطالبات قبول کرنے پڑتے ہیں ——— !

ایک اور صاحب کی شادی بھی المیہ ثابت ہوئی۔ انھوں نے سہاگ رات کو دولہن کا گھونگھٹ اُٹھا کر چہرہ دیکھا تو سخت مایوسی ہوئی۔ دُلہن کیا تھی چکنی مٹی کی مورت تھی۔ انھیں وحشت میں کچھ اور نہیں سوجھا جنون کی حالت میں سہرے کے پھول نوچ پھینکے، دولہن کو سیج پر چھوڑا اور خود بھاگ کھڑے ہوئے۔ وہ دن اور آج کا دن، ابھی تک بیوی کی صورت نہیں دیکھی اور در بدر کی ٹھوکریں کھاتے پھر رہے ہیں!

عشق اک میر بھاری پتھر ہے
کب وہ مجھ ناتواں سے اُٹھتا ہے

ایک اور صاحب جو معاشی حیثیت سے زیادہ مستحکم نہیں ہیں تین دفعہ شادی کر اپنی زندگی کو تین تیرہ، نو اٹھارہ" کیے بیٹھے ہیں۔ ان کی تنگدستی کو دیکھ کر تو ان سے اور

پے درپے حماقتوں کی وضاحت کرنے کے لیے کہا گیا تو اُن کا جواب خاصا دلچسپ تھا۔ انھوں نے بتایا کہ ان کی پہلی شادی محبت کی شادی تھی جو انھوں نے رجسٹرار کے دفتر میں کی تھی۔ اس کے بعد اُن کے ماں باپ نے ضد کر کے انھیں ایک بار پھر قاضی کے روبرو شادی کے لیے مجبور کر دیا۔ پھر ملازمت کے لیے در بدر کی ٹھوکریں کھانے لگے تو ایک مالدار تاجر نے جس کی بیٹی بدصورتی کی وجہ طویل عرصے تک غیر شادی شدہ تھی، اصرار کر کے کہا کہ اگر وہ اس کا بوجھ اپنے سر لیں گے تو ملازمت کا مسئلہ حل ہو سکتا ہے۔ چنانچہ صاحبِ موصوف تین تین بیویوں کے بوجھ تلے دبے ہوئے ہیں اور کہتے ہیں:

مشکلیں اتنی پڑیں مجھ پر کہ آساں ہو گئیں

پان

پان ابھی تک براہِ راست ہماصل کی دسترس سے باہر ہے لیکن پھر بھی اس کا تاریخی اور ثقافتی پس منظر کچھ ایسا ہے کہ عیش و عشرت کے لوازمات میں شمار کیا جاتا ہے۔ یہ کہنا مشکل ہے کہ پان کا شوق عوام و خواص تک کب اور کیسے پہنچا لیکن ممکن ہو یہ اس دور کا ورثہ ہے جبکہ لوگوں میں لباس پہننے کا بھی شعور نہیں تھا اور تن ڈھانکنے کے لیے پتوں کا استعمال کیا کرتے تھے۔ کیا عجب ہے کہ اسی وقت سے چند عیش پرستوں نے پتے چبانے کا سلسلہ شروع کر دیا ہو ورنہ اس عجیب و غریب عادت کے لیے کوئی اور اخلاقی جواز نظر نہیں آتا ------ !

پان کی ہمہ گیر مقبولیت کا اندازہ اس بات سے لگایا جا سکتا ہے کہ آپ ملک کے کسی بھی حصے میں اچھی سے اچھی شاہراہ سے گزر رہے ہوں تو سڑک کے دونوں جانب اور

بیچوں بیچ "پان" کے چھوٹے بڑے دھبے بے جگری سے پھیلے دیکھ سکتے ہیں۔ کبھی کبھی تو یہ فن کاری اس مہارت سے کی جاتی ہے جیسے وقت واحد میں کئی فن کاروں نے اپنے کلاسیکی شاہکاروں کا خزانہ بے دریغ لٹا دیا ہو۔ خود بخود آپ کا سویا ہوا ذوق بھی یکلخت بیدار ہو جائے گا! اور آپ چاہیں گے کہ فوراً ہی قریب کی دوکان سے ایک بیڑہ خرید کر سڑک کے اُس حصے کو بھی جو ابھی تک پان کی پچکاریوں سے محروم ہے، سیراب کریں۔ یہ دولت صرف سڑکوں پر ہی نہیں لٹائی جاتی بلکہ بسوں میں، ریل کے ڈبوں میں، ہوائی جہاز میں جہاں جی چاہے دیکھ لیں، مایوسی نہ ہوگی۔ دلچسپ بات تو یہ ہوتی ہے کہ سب سے زیادہ پان کے دھبے اُن عام مقامات پر نظر آتے ہیں جہاں اس قسم کی بیہودگیوں کے خلاف باقاعدہ انتباہ دیا جاتا ہے گویا اس قسم کا "انتباہ" بجائے خود پان کے شوقینوں کو اس بات پر اُکساتا ہے کہ وہ ضرور بہ ضرور پان کھائیں اور ممنوعہ مقامات پر گندگی پھیلائیں۔ پان نہ صرف ہندوستان، پاکستان، بنگلہ دیش اور سری لنکا میں مقبول ہے بلکہ اس کی شہرت عرب ممالک کے علاوہ یورپ و امریکہ تک بھی پہنچ گئی ہے۔ مشرقِ وسطیٰ ہی کے ایک شہر میں جہاں حکومت سڑکوں کی خوبصورتی اور صفائی پر کروڑوں ڈالر خرچ کرتی ہے حالیہ عرصے میں حکام سڑکوں پر جا بجا پان کے دھبے دیکھ کر سخت برہم ہوئے اور انھوں نے فوراً مقامی پان فروشوں کو گرفتار کرکے سزا دینے کے علاوہ بھاری جرمانے عاید کیے۔ اب یہ حال ہے کہ پان کا کاروبار مندہ ہو گیا ہے اور دوکاندار اُس وقت تک پان کا بیڑہ فروخت کرنے سے انکار کرتا ہے جب تک آپ اپنے حسنِ اخلاق کا باقاعدہ حلف نامہ نہ داخل کریں۔

کسی زمانے میں "پان" درباروں تک رسائی پا کر شاہی آداب کا ایک حصہ

بن گیا تھا۔ والیِ اودھ نواب واجد علی شاہ کے بارے میں مشہور ہے کہ وہ پان کے بے حد رسیلے تھے۔ صرف پان کیا، اُن کا نام نامی تو ہر قسم کے لہو لعب کے ساتھ جوڑا جاتا ہے۔ اُن سے ایک اور دلچسپ روایت منسوب ہے کہ جب اقتدار کی باگ ڈور ان کے ہاتھ سے جانے لگی تو انھیں اس بارے میں کوئی تشویش نہیں تھی کہ کیسے بجو دیگرے کتنے صوبے اور علاقے اُن کے ہاتھ سے جا رہے تھے بلکہ وہ بے چین ہو کر بار بار پوچھتے تھے کہ اب کتنے ٹوکرے "پان" کے باقی رہ گئے ہیں۔ اُن پر اور بھی الزاموں کی بھرمار ہے کہا جاتا ہے کہ انھیں پان میں بے شمار "زردے" اور "قوام" پسند تھے چنانچہ جب بھی شراب کا نشہ بے اثر ہوتا تو وہ فوراً "زردوں" کا استعمال شروع کر دیتے اور سرور میں آکر کہنے لگتے:

وحشت میں ہر اک نقشہ اُلٹا نظر آتا ہے
مجنوں نظر آتی ہے لیلیٰ نظر آتا ہے

غالباً اسی صورت حال کا استحصال کرتے ہوئے اکثر "زردوں" اور "قواموں" کی شیشیوں پر نواب واجد علی شاہ کی تصاویر چھپاں کی جاتی ہیں۔

وقت کے ساتھ ساتھ "پان" کی اہمیت بھی گھٹتے گھٹتے طوائفین کے کوٹھوں تک گر گئی جہاں امراء اور نواب زادے اخلاق و آداب کا درس لینے پہنچتے تو جہاں دیدہ طوائفین انھیں "پان" اور "عطر" پیش کر کے ان کا استقبال کرتیں اور انعام و اکرام پاتیں۔

کہا جاتا ہے کہ جب سکندر نے پورس پر فتح پائی تو مفتوح بادشاہ نے سکندر

کو پان پیش کیا اور دوستی کا ہاتھ بڑھایا۔ جب سے روایت چل پڑی ہے کہ مفتوح فاتح کو، محکوم حاکم کو، کمزور طاقت ور کو (ہم یہ بات پان فروشوں کے لیے نہیں کہہ رہے ہیں) پان پیش کرتا ہے۔ چھوٹے فن کار جب بڑے فن کاروں کی شاگردی میں شامل ہوتے ہیں تو اپنے خلوص اور وفاداری کا مظاہرہ کرنے کی خاطر بھاگ دوڑ کر کے استاد کے لیے پان بیڑی کا بندوبست کرتے ہیں یہ بات صرف فن کاروں تک ہی محدود نہیں۔ آپ نے دیکھا ہوگا کہ آج کے زمانے میں ہر کوئی کسی نہ کسی کو "پان" پیش کر کے اس کا دل جیتنا چاہتا ہے یا ہمدردی حاصل کرنا چاہتا ہے۔ جب تک شادی نہ ہو عاشق اپنی محبوبہ کو پان پیش کرتا ہے، شادی کے بعد معاملہ یکسر الٹا ہو جاتا ہے اور بیوی، شوہر کو پان پیش کرنے لگتی ہے۔ اسی طرح شاگرد استاد کو، مریض ڈاکٹر کو، ملازم آقا کو (یا عہدہ دار بالا کو)، کلینر ڈرائیور کو، سوپر وائزر انجینئر کو غرض زندگی کے ہر شعبے سے تعلق رکھنے والا اپنی انفرادی ضروریات کے پیش نظر کسی نہ کسی کو "پان" پیش کر کے اپنا الو سیدھا کرتا ہے۔ بہ الفاظِ دیگر دُنیا کے تمام رشتے ناطے پان، چونے اور زردوں کی اُلٹ پھیر میں اُلجھ کر رہ گئے ہیں۔ یہ وقت وقت کی بات ہوتی ہے۔ جب کسی کا کسی سے کوئی مفاد وابستہ ہوتا ہے وہ خوشامدانہ طریقے اختیار کرتا اور بار بار "پان" پیش کر کے اپنے مقصد کے حصول کے لیے کوشاں رہتا ہے۔ جوں ہی حاجت روا ہوئی تو وہ طوطا چشمی پر اُتر آئے گا اور اپنی ساری وفاداریوں کو بالائے طاق رکھ کر "پان" پیش کرنا تو دور کی بات ہے، بڑے ہی خلوص سے "چونا" لگا کر راہِ فرار اختیار کرتا ہے۔

شعرا اور ادیبوں کا "پان" کے ساتھ چولی دامن کا رشتہ ہوتا ہے ادیب

اور شعراء کی اکثریت ویسے تو "ساغر و مینا" کو اپنی ہستی کا ایک اہم حصہ سمجھتی ہے مگر ساتھ ساتھ وہ پان کو بھی اپنی بے شمار کمزوریوں بلکہ حماقتوں میں سے ایک تسلیم کرتے ہیں۔ بعض شعراء "پان" کھا کھا کر شعر کہتے ہیں اور بعض شعر پر شعر کہنے کے لیے "پان کی پیک پر پیک" تھوکتے جاتے ہیں۔ اگر آپ شاعری کے میدان میں نووارد ہوں اور اپنے اشعار کی اصلاح کے لیے کسی استادِ سخن سے رجوع ہونا چاہتے ہوں تو سب سے پہلے آپ کسی اچھے شاعر کا "پان دان" بن جائیں۔ اگر استطاعت نہ ہو تو تب بھی مایوس نہ ہوں کیونکہ "اُگال دان" بھی بنا جا سکتا ہے۔ اچھے اچھے لوگ محض مقصد برآری کی خاطر دوسروں کا "اُگال دان" بن جاتے ہیں۔

کبھی کبھی ایسا بھی ہوتا ہے کہ گھٹیا شاعر، ادیب اور فن کار اپنی تخلیقات دوسروں کو سنا کر معاوضہ کے طور پر انھیں "پان" پیش کرتے ہیں (لیکن ایسا بہت کم ہوتا ہے) ہمیں اعتراف ہے کہ ہم بھی اُن خوش نصیبوں میں شامل ہیں جنھیں "پان" کی لت ہے۔ اتفاق کی بات ہے کہ ہمیں بار بار ملک کے مختلف حصوں میں گھومنے پھرنے کا موقع ملتا ہے چنانچہ جگہ جگہ کے پان فروشوں سے ہماری مڈبھیڑ ہوتی رہتی ہے۔

بنا کر فقیروں کا ہم بھیس غالب
تماشائے اہلِ کرم دیکھتے ہیں

ان میں سے بعض ایسے ہیں جن کے معقول ذرائع آمدنی ہیں اُن کی "پان" کی دکان سے دلچسپی صرف اس حد تک ہوتی ہے کہ یہ فالتو وقت گزارنے کے لیے سب سے مناسب جگہ ہوتی ہے اس طرح وہ زیادہ سے زیادہ لوگوں سے ملنا جلنا پسند کرتے ہیں۔ ان میں کچھ شاعر ہیں تو کچھ ادیب، کچھ فٹ بال کھلاڑی ہیں تو کچھ جواری، کچھ موسیقار ہیں

تو کچھ مستور، بہرحال سماج کے کچھ بہت بڑے بڑے ہستی سمجھی زندگی کرنے والے افراد اس کاروبار میں ملوث ہیں :

سیکھے ہیں مہ رخوں کے لیے ہم مصوّری
تدبیر کچھ تو بہرِ ملاقات چاہیے

بعض بعض علاقوں میں اس کاروبار کو مشہور و معروف پہلوانوں کی سرپرستی حاصل ہے۔ کوئی رستم ہے تو کوئی سہراب، کوئی چنگیز خاں ہے تو کوئی ہلاکو خاں۔ ایک سے بڑھ کر ایک قد آور اور طاقتور ——— ہاں، ہم اس وقت ضرور حیران ہو جاتے ہیں جب کبھی ہمارا سامنا کسی نحیف و ناتواں "پان فروش" سے ہوتا ہے ہمیں اپنی آنکھوں پر یقین نہیں آتا کہ ہم جو کچھ دیکھ رہے ہیں وہ خواب تو نہیں ہے۔ موقع کو غنیمت جان کر ہماری رگِ ظرافت پھڑک اُٹھتی ہے اور ہم انتہائی معصومیت سے صاحبِ موصوف سے کچھ ذاتی قسم کے سوالات کر بیٹھتے ہیں۔ درحقیقت یہ ہماری حماقت ہوتی ہے کیوں کہ جب موصوف انتہائی راز دارانہ طریقے سے اپنی ذاتی زندگی کے چند اوراق ہمارے سامنے رکھ دیتے ہیں تو ہمیں اپنی غلطی کا احساس ہوتا ہے اور ہمارے پسینے چھوٹنے لگتے ہیں جنھیں ہم عجز و انکساری کا پیکر سمجھتے تھے وہ چھپے رستم نکلے۔

کچھ پان کی دوکانیں خود بھی کم پُراسرار نہیں ہوتیں۔ جہاں مختصر سے مختصر جگہ کا نہایت خوبصورتی سے استعمال کیا جاتا ہے جیسے دریا کو کوزے میں بند کر دیا گیا ہو۔ پان کے علاوہ ہر قسم کے لوازمات۔ سگریٹ بیڑی سے لے کر متفرق اشیا قرینے سے رکھی جاتی ہیں۔ ایک طرف مدھو بالا سے لے کر زینت امان تک تمام قیامت خیز حسیناؤں کی تصاویر تو دوسری طرف ایک قدِ آدم تصویر جس میں دو دیو ہیکل انسان ایک دوسرے

سے نبرد آزما ہوں گے یا نہیں تو ایک ہی قوی ہیکل شخصیت انتہائی جارحیت سے اپنے زورِ بازو کی نمائش کرتی یا مگدر پھراتی نظر آئے گی آپ کو یہ جان کر حیرت ہوگی کہ یہ ہوش رُبا تصویر دارا سنگھ یا زدھا دا کی نہیں ہوتی بلکہ اس بھولی بھالی ہستی کی ہے جو اس وقت انتہائی انکساری سے آپ کا پان بنا رہی ہے۔ بار بار پہلوان بڑی ہی متانت سے سر اُٹھا کر کبھی تصویر کو دیکھتے ہیں تو کبھی آپ سے مطلوبہ "پان" اور "زردوں" اور "تمباکوؤں" کے بارے میں سوالات کریں گے جوں ہی آپ صورت حال سے واقف ہوں گے آپ یہی کوشش کریں گے کہ اپنی مخصوص "فرمائشوں" کو بالائے طاق رکھیں اور سادے پان پر اکتفا کریں اور فوراً وہاں سے چل پڑیں۔ اس دوران پہلوان خود بھی آپ کی اس بوکھلاہٹ کو بھانپ لیں گے ایک اور مرتبہ سربلند ہو کر آپ ہی آپ مسکرائیں گے یا ایک آدھ "ڈکار" لیں گے۔ جس طرح جنگل میں شیر کی چنگھاڑ سے تمام جانور کانپ جاتے ہیں اسی طرح شہر میں "پہلوان" کی "ڈکار" سے آس پاس کے دکاندار سہم جاتے ہیں۔

ویسے تو ہر شہر میں پان کی دوکانیں ہر گلی اور ہر کوچے میں نظر آتی ہیں اس کے علاوہ ہر ہوٹل، سنیما یا تھیٹر اور دوسری تفریح گاہوں کے آس پاس اور تمام شاہراہوں پر ان کا وجود لازمی ہے۔ اس کاروبار کی انفرادیت یہ ہوتی ہے کہ اس میں "سرمایہ کاری" بالکل معمولی ہوتی ہے اصل سرمایہ خود "پان فروش" کی اپنی شخصیت اور اس کا پیشہ ورانہ ریکارڈ ہوتا ہے۔ جس طرح غریب ممالک اپنی سرزمین پر امریکہ کو فوجی اڈے قائم کرنے کی اجازت دے کر نہ صرف معاشی امداد حاصل کرتے ہیں بلکہ اپنے دفاع کی ساری ذمہ داریوں سے سبکدوش ہو جاتے ہیں اسی طرح ہوٹلوں کے مالکین بھی "پان فروشوں"

کو مختصر جگہ فراہم کر کے ہوٹل کے دفاع کے بارے میں بے فکر ہو جاتے ہیں۔ اس اخلاقی معاہدہ کی رو سے ہوٹل پر جب کبھی کوئی ناگہانی اُفتاد آ پڑتی ہے تو "پان فروش" خود سینہ سپر ہو جاتا ہے

پان فروش کی حیثیت صرف ایک دوکاندار کی نہیں ہوتی بلکہ اُسے علاقہ کی سب سے برگزیدہ اور قابلِ احترام شخصیت مانا جاتا ہے جس کی دوربین نظریں نہ صرف اپنے دروبار پر لگی رہتی ہیں بلکہ اس پاس کے مکانوں اور دکانوں پر بھی ہوتی ہیں کیوں نہ ہو انھیں ایک طرح سے "میر محلہ" سمجھا جاتا ہے۔ ہر اچھے برے معاملے میں یہ نہ صرف رضاکارانہ طور پر مداخلت کرتے ہیں بلکہ انتہائی خود اعتمادی کا مظاہرہ کرتے ہوئے دوسروں پر اپنی رائے بھی مسلط کرتے ہیں خواہ وہ شادی بیاہ کا معاملہ ہو یا کوئی اور نوعیت کا۔ نجی مسئلہ ویسے بھی علاقہ کے ہر شخص کے بارے میں انھیں تازہ ترین معلومات ہوتی ہیں چنانچہ اکثر اہلِ غرض بھی ان کی خدمات سے استفادہ کرتے رہتے ہیں کیوں کہ انھیں سارے علاقے کی سب سے قابلِ اعتماد ہستی سمجھا جاتا ہے۔

مہندی کا رنگ کچھ ہاتھوں میں زیادہ نکھرتا ہے اور کچھ میں کم۔ اسی طرح پان کا رنگ بھی مختلف لوگوں پر مختلف طریقے سے تاثر چھوڑتا ہے۔ اگر پان نقد خریدا گیا ہو تو کھانے والے کے ہونٹوں پر چاروں طرف سُرخی ہی سُرخی نظر آئے گی۔ اگر پان مفت ہاتھ لگا ہو تو اس صورت میں ہلکی پھیکی رنگت چڑھے گی اس کے برخلاف اگر معاملہ "ادھار" کا ہو تو صرف ہونٹ کیا، سارے چہرے پر سیاہی پھیل جائے گی۔ دوسری طرف اگر پان خوش ذائقہ ہو تو اس سے پان پیش کرنے والے کے خلوص کا اندازہ ہوتا ہے لیکن اگر پان کڑوا، کسیلا یا بدذائقہ ہو تو اس بات کا پیش خیمہ ہوتا ہے کہ پان پیش کرنے والا شخص نمک حرام فطرت کا حامل ہے۔

کتوں کا شوق

یہ مضمون دراصل ہم پچھلے سال ہی مکمل کرنا چاہتے تھے جب کہ ہم پیرس سے واپس ہوئے تھے لیکن کسی نہ کسی وجہ سے کوتاہی ہوتی رہی اور یہ معاملہ لیت و لعل میں پڑتا گیا۔ ہم یورپ میں کتوں کے سماجی رتبے کو دیکھ کر حیران رہ گئے تھے چونکہ ہم فطری طور پر قدامت پسند ہیں اپنے تئیں اس جانور کو محض ایک حقیر شئے سمجھ کر نظر انداز کرتے رہتے ہیں لیکن مشاہدات اور تجربے کے پیش نظر ہمیں اپنے خیالات میں بنیادی تبدیلی کرنی پڑی۔ پچھلے چند برسوں میں یورپ میں (اور خاص طور پر لندن اور پیرس میں) کتوں کے سماجی موقف میں حیرت انگیز تبدیلی ہوئی ہے اور اب تو یہ حال ہے کہ اسے بلا مبالغہ شخصی وقار کا معیار قرار دیا جا سکتا ہے۔ دوسرے الفاظ میں کتے کی شناخت اس کے مالک کے نام سے نہیں ہوتی بلکہ "مالک" کی سماجی حیثیت کا اندازہ اس کے "کتے" کی نسل سے واقف ہو کر لگایا جا سکتا ہے۔ کوئی بھی شخص جتنا اہم

ہوگا اس کا کتا اتنا ہی اعلیٰ نسل کا ہوگا بعض دفعہ ایسا بھی ہوتا ہے کہ کوتاہ قامت اشخاص اونچے پورے کتوں کی پرورش کرتے ہیں یا نہیں تو بعض بدشکل دوشیزاؤں کی گود میں ایک سے ایک حسین و جمیل "کتا" یا "کتیا" کھیلتی نظر آئے گی۔ وہاں کے کتوں کی خوش نصیبی کا حال یہ ہے کہ انھیں گھومنے پھرنے کے لیے عالی شان کاریں، شوق کے لیے عمدہ سے عمدہ شراب اور اعلیٰ درجہ کے سگار میسر ہیں۔ وہ شاہانہ ٹھاٹ باٹ سے نائٹ کلبس NIGHT CLUBS آتے جاتے ہیں، مونٹے کارلو MONTE CARLO میں جوا کھیلتے اور وقتاً فوقتاً پورنوگرافک PORNOGRAPHIC فلمیں دیکھتے ہیں اس کے علاوہ انھیں بیش قیمت عطر اور پرفیومس PERFUMES میسر ہیں جن کا عام حالات میں انسان بھی تصور نہیں کر سکتے۔ جن مقامات پر عام کتوں کا داخلہ ممنوع ہوتا ہے وہاں کسی نہ کسی طرح پاکٹ سائز کتے پہنچ ہی جاتے ہیں۔

ہم جو کسی قدر بزدل واقع ہوئے ہیں عام طور پر جانوروں سے (اور خاص طور پر کتوں سے) بے حد گھبراتے ہیں لیکن یورپ میں ہمارا قیام دراصل جہنم میں قیام سے کم نہیں تھا کسی سے متعارف ہوتے وقت ہمیں اُن کے کتوں کے نام، عمر، حسب نسب سے واقف ہونا پڑتا تھا۔ پھر ان کی عادتوں، کمزوریوں اور خوبیوں پر بحث سننی پڑی۔ یہ عمل بار بار دہرایا جاتا جس سے ہمیں کافی اُلجھن کا سامنا کرنا پڑتا تھا لیکن اگر کسی سے کوئی غرض وابستہ ہو تو اس کے لیے سب کچھ برداشت کرنا پڑتا ہے۔ چنانچہ بعض اوقات ہم خون کے گھونٹ پی پی کر ان کتوں کی دلداری پر مجبور تھے۔ لیلیٰ کی نے کتے سے جذباتی لگاؤ کی روایت کیا قائم ہوئی آج ہر دوشیزہ ایک آدھ کتے کو پال پوس کر صدیوں پرانی روایات کو زندہ رکھنا چاہتی ہے اور ہر عاشق مجبور ہے کہ لیلیٰ سے

محبت کرنے کے ساتھ ساتھ اس کے کتے سے بھی (ظاہری طور پر ہی سہی) بھائی چارے کے مراسم رکھے۔ ورنہ عشق خطرے میں پڑنے کا خدشہ رہتا ہے۔

شہر پیرس جو بے پناہ حسن و خوبصورتی کی وجہ سے ساری دنیا میں ممتاز حیثیت رکھتا ہے، کتوں کی بہتات سے مشکلات کا شہر بن گیا ہے جہاں نظر ڈالیں کتے ہی کتے نظر آئیں گے۔ ہم حیران تھے کہ اتنے خوبصورت شہر کی رنگینیاں کہاں غائب ہوگئی ہیں۔ ایفل ٹاور EIFFEL TOWER کی انفرادیت ختم ہو گئی ہے۔ کتوں کی اہمیت بڑھ گئی ہے۔ ۹۰ فیصد ٹیکسی کاروں میں (خواہ ڈرائیور عورت ہو یا مرد) ڈرائیور کے عین بازو کی نشست کتے کے لیے مخصوص ہوتی ہے جو ایک باقاعدہ گھر کی شکل ہوتی ہے۔ چنانچہ وہیں پر کتے کی ساری زندگی بسر ہوتی ہے۔ سونا جاگنا، کھانا پینا سب کچھ وہیں۔ ان حالات میں کتا جہاں اپنے مالک کے لیے وقت واحد میں محافظ، ساتھی، مونس و غمخوار یا محبوب سب کچھ ہوتا ہے وہیں سواریوں کے لیے عذاب سے کم نہیں کیوں کہ اس طرح اس کی تمام گندگی ڈرائیور کے توسط سے یا براہ راست پچھلی سیٹ تک (یعنی سواریوں تک) پہنچتی ہے۔ اگر کتا سو رہا ہو تو پھر بھی غنیمت ہے ورنہ وقت بے وقت بھونک کر الگ پریشان کرتا ہے۔ ہمیں اکثر ایسی الجھنوں سے دو چار ہونا پڑتا تھا۔ بعض دفعہ یوں ہوتا تھا کہ شاہراہ پر ہم کسی ٹیکسی کو ہاتھ سے اشارہ کر کے روکتے تھے جوں ہی ڈرائیور نے بریک لگا کر کار کا دروازہ کھولا اس سے پہلے کہ ہم اندر داخل ہوتے کار میں موجود کتا کبھی غرا کر اور کبھی بھونک کر ہمارا استقبال کرتا۔ ہو نہ ہو وہ ہمیں کباب میں ہڈی سمجھ کر اس قدر درشت رویہ اختیار کرتا ہو۔ ویسے یہ کوئی سنگین بات نہیں ہوتی تھی لیکن پھر بھی ہم حوصلہ کھو کر

ٹیکسی میں بیٹھنے سے انکار کر بیٹھتے تھے۔ بس پھر کیا تھا ڈرائیور غصے سے دانت پیستا ہوا آگے نکل جاتا تھا۔ دن میں کئی بار ہمیں اس صورت حال کا سامنا کرنا پڑتا تھا۔ تجربوں کے ساتھ ساتھ ہم محتاط ہوتے گئے اور گھنٹوں سڑک پر ٹھیرے آنکھیں پھاڑ پھاڑ کر ایسی ٹیکسی کاروں کا انتظار کرتے جس میں کتے کا وجود نہ ہو۔ جہاں ہمارا وقت برباد ہوتا تھا وہیں پر ہمیں ان ٹیکسی ڈرائیوروں کی جھڑکیاں الگ سننی پڑتیں جب انھیں یہ احساس ہوتا کہ ہم محض کتے کی موجودگی سے گھبرا گئے ہیں تو وہ ہمارے اس تعصب پر برہم ہو جاتے تھے انھیں اس بات کی قطعی پرواہ نہیں ہوتی تھی کہ وہ اس طرح کرایہ سے محروم ہو رہے ہیں بلکہ وہ اس بات پر چراغ پا ہوتے تھے کہ ہم نے اُن کے محبوب سے رواداری نہیں برتی؟ وہاں کے عوام کی زندگی کتوں کی اس افراط سے دوبھر ہوگئی ہے۔ اور تو اور محکمہ ڈاک کے عملے نے حکومت کی توجہ اس مسئلے پر مبذول کراتے ہوئے کہ وسیع پیمانے پر احتجاج کی دھمکی دی تھی کیونکہ کتے عام طور پر خطوط رسانوں کو جو گھر گھر ڈاک پہنچانے کا کام انجام دیتے ہیں آئے دن اپنا نشانہ بنانے لگے ہیں۔ خطوط رسانوں کی بڑی تعداد کتوں کے حملوں سے زخمی ہو کر روز بروز دواخانے پہنچنے لگی ہے۔ سب سے دلچسپ بات، تو یہ ہوتی ہے کہ جب اس تعلق سے کتوں کے مالکوں سے شکایت کی جاتی ہے تو وہ صاف انکار کر دیتے ہیں اور کہتے ہیں کہ "ہمارا کتا تو ایسا نہیں ہے" ——— ہو سکتا ہے آپ ہی نے کچھ دست درازی کی ہو گی" ——— اب یہ بات سوچنے کی ہے کہ کیا ان بے چارے خطوط رسانوں نے اپنی ڈیوٹی انجام دیتے وقت کتوں سے چھیڑ خوانی کی ہو گی ———؟

ان حقائق کے باوجود بے شمار افراد کتوں سے جنون کی حد تک عشق کرتے ہیں۔

ایک صاحب اپنے کتے کو جان سے زیادہ عزیز رکھتے ہیں جہاں اور لوگ کتوں کو اپنا جھوٹا چھاٹا کھلاتے ہیں یہ کتے کو ڈائننگ ٹیبل پر بٹھا کر باعزت طریقے سے کھانا کھلاتے ہیں اور خود اس کا بچا کچا کھاتے ہیں۔ گھر پہنچتے ہی سب سے پہلے کتے کو لاڈ و پیار سے پچکارتے ہیں اس کے بعد بیوی بچوں کی خبر لیتے ہیں۔ ایک اور صاحب نشہ میں دُھت گھر پہنچتے ہیں کتے کو پیار سے گالی گلوچ کرتے ہیں اگر کتے کا موڈ اچھا ہو تو وہ جوابی کارروائی کرتے ہوئے بھونکنے لگتا ہے اگر ایسا ہو تو ٹھیک ہے ورنہ موصوف خود غرانے لگتے ہیں۔ اُن کا کتا اپنی خونخواری میں دُور دُور تک مشہور ہے چنانچہ برسوں سے کیا بلدیہ، کیا آبرسانی، کیا محکمہ بجلی آج تک کوئی بھی بِل کلکٹر ان کے گھر نہیں پہنچ سکا کیوں کہ ہر ایک کو اپنی جان پیاری ہے!

ایک محترمہ کی کتے سے عقیدت ملاحظہ ہو! خود پچاس سال سے تجاوز کر چکی ہیں اور ہنوز غیر شادی شدہ ہیں۔ برسرِ روزگار ہیں اس لیے اپنی کفالت خود کرتی ہیں۔ کتے کو اپنی جان سے زیادہ عزیز رکھتی ہیں۔ خود اپنے کھانے پینے کے بارے میں لاپرواہ ہیں، لیکن کتے کو عمدہ سے عمدہ کھانے اور گوشت کے علاوہ اعلیٰ سے اعلیٰ قسم کی شراب پلاتی ہیں۔ محبوب کی طرح چاہتی ہیں۔ چنانچہ اگر کسی نے ان کے کتے کی شان میں معمولی سی بھی گستاخی کر دی تو یہ فوراً لڑ پڑتی ہیں۔ عزیز و اقارب کے بچوں نے اگر شرارتاً بھی کتے کی توہین کر دی تو یہ آپے سے باہر ہو جاتی ہیں۔ اور فوراً بچوں اور ماں باپ سب کو سخت سست کہہ کر گھر سے نکال دیتی ہیں۔ کتا بیمار ہو جائے تو ڈاکٹر کو گھر بلاتی ہیں۔ حالاں کہ خود بیمار ہوں تو پیدل ہسپتال تک جاتی ہیں۔ پچھلے دنوں اُن کا کتا ایک پیچیدہ بیماری کا شکار ہوا تو چار و ناچار ہسپتال پہنچیں اور ڈاکٹروں کو مجبور کر کے نہ صرف

آپریشن کا بندوبست کروا یا بلکہ ہٹ دھرمی اور ضد کر کے INTENSIVE CARE UNIT کا انتظام کروا دیا۔ حالانکہ اس قسم کی سہولت اب کم صرف انسانوں کو فراہم کی جاتی تھی۔ مرض پیچیدہ تھا اور کچھ دن بعد اُن کا کتا مر گیا۔

الٹی ہو گئیں سب تدبیریں، کچھ نہ دوا نے کام کیا
دیکھا اس بیماریٔ دل نے آخر کام تمام کیا

کتا کیا مر گیا محترمہ نے سارے جہاں کا غم اپنے دامن میں سمیٹ لیا۔ آفس سے دو ماہ کی چھٹی حاصل کی۔ کئی دن تک دھاڑیں مار مار کر روتی بسورتی رہیں کتے کی ایک ایک حرکت کو یاد کرتیں اور غم کا اظہار کرتے کرتے چیخ پکار کرنے لگتیں۔ اسی طرح پورے دو ماہ تک سفید لباس پہن کر سوگ مناتی رہیں ——— اس دوران انھوں نے شاید ہی کچھ کھایا پیا ہو گا ——— ایک دوست نے جان کے اس جنون سے واقف تھے مذاق کے موڈ میں محترمہ کو پرسہ کا خط لکھا لیکن بیچاری کی دیوانگی ملاحظہ ہو کہ انھوں نے اس سنگین مذاق کو بھی سنجیدہ تعزیت سمجھ کر جواباً انتہائی پر اثر انداز میں "شکریہ" لکھ بھیجا۔

خدا بخشے بہت سی خوبیاں تھیں مرنے والے میں

ایک اور صاحب نے جو کتوں سے بے پناہ پیار کرتے تھے اپنی جائیداد کی تقسیم کا انوکھا طریقہ اختیار کیا ہے۔ وہ اپنے ہر بیٹے اور بیٹی کے نام ورثہ میں ایک کتا چھوڑ مرے ہیں۔ چنانچہ ان کی اولاد بھی اتنی ہی کتا پرور ہے۔ چھوٹا لڑکا جسے بد چلنی کے سبب وراثت سے خارج کر دیا گیا تھا اپنی حق تلفی کے خلاف عدالت کا دروازہ کھٹکھٹانے لگا۔ بعد میں تمام بھائیوں نے آپس میں صلاح مشورہ کیا اور اُسے بھی ایک کتا حوالے کر کے جھگڑا ختم کیا۔

ایک پہلوان نے اکھاڑے سے دست برداری کے بعد اپنے کتے کو اپنی پوری توجہ کا مرکز بنا لیا ہے۔ کتے سے ان کے اس خلوص کو دیکھ کر ان کے شاگرد محض استاد کی خوشنودی حاصل کرنے کے لیے ان کے کتے کے حلقہ بگوش بن گئے ہیں۔ اگر انھیں پہلوان سے کسی بھی قسم کی مدد (خاص طور پر مادی مدد) درکار ہو تو وہ فوراً کتے کے لیے کچھ گوشت، کچھ ہڈیاں یا اسی قسم کے تحفے لایا کرتے ہیں۔ اس طرح پہلوان خوش ہو جاتے ہیں اور غرض مند کا کام بنا ڈالتے ہیں۔

ایک اور محترمہ اپنی کُتیا کو باقاعدہ اولاد کا درجہ دیتی ہیں۔ اس کی نگہداشت کا اس قدر خیال رکھتی ہیں کہ ہر سال پابندی سے اس کی سالگرہ مناتی ہیں اور اس کی عمر کے حساب سے موم بتیاں جلا کر کیک کٹواتی ہیں۔ سماجی طور پر خود اہم مقام رکھتی ہیں اور اپنے اس موقف کا ناجائز استعمال بھی کرتی ہیں۔ ایک ایسے ہی موقع پر انھوں نے قریبی دوستوں کو مدعو کیا۔ عین وقت پر جب محترمہ کتیا سے کیک کٹوانا چاہتی تھیں کتیا بے چاری (بے زبان جانور جو ٹھیری) نے اس غیر معمولی ضیافت سے پریشان ہو کر جو چھلانگ لگائی تو ایک مہمان کو جا لیا ---- ایسے نازک لمحے پر بھی محترمہ کو کسی قسم کی شرمندگی نہیں تھی۔ الٹا مہمانوں کو دلاسہ دینے لگیں کہ ابھی بے چاری کتیا کی عمر ہی کیا ہے ---- بچپن میں ایسی حرکتیں تو انسان بھی کرتے ہیں وغیرہ وغیرہ۔ ان کی خواہش ہے کہ اپنی اس کتیا کی شادی دھوم دھام سے کریں لیکن شرط ہے کہ "گھر داماد" ملے۔ انھوں نے اپنی کتیا کی آوازوں (چیخ پکار) کے کئی ٹیپیں TAPES بنوائے ہیں اور اکثر سنسر لوپہ پیش کر مزہ لیتی ہیں۔ ان کا ڈرائنگ روم، کتوں کے تعلق سے ادبی مواد، ان کی نگہداشت، صحت، اور دیگر معلومات سے بھرپور

کتابوں کی زینت بن گیا ہے۔ ساتھ ہی کتوں کی تمام نئی ادویات کا اسٹاک تک رکھتی ہیں۔ یہ جب کبھی باہر جاتی ہیں تو کتیا کو اپنی ملازمہ کی گود میں کھیلنے کے لیے چھوڑ جاتی ہیں۔

جب سے اسکاٹ لینڈ یارڈ پولیس نے جرائم کی تفتیش کے لیے کتوں کی خدمات حاصل کی ہیں دیگر ممالک میں بھی یہ طریقہ رائج ہو گیا ہے۔ ان کتوں کی شان ہی نرالی ہوتی ہے۔ یہ چوبیس گھنٹے سنجیدہ رہتے ہیں۔ بھونکنے سے لے کر ہڈی چبانے تک ہر کام باوقار طریقے سے انجام دیتے ہیں۔ دوسرے معمولی قسم کے کتوں کو نہ صرف نظر انداز کرتے ہیں بلکہ بعض بعض دفعہ تو حقارت سے ان کی توہین کرنے لگتے ہیں۔ بیچارے سڑک چھاپ کتے بے بسی کے عالم میں اپنا غصہ آپ ہی پی کر رہ جاتے ہیں۔ پھر کسی اور طرف دُم ہلاتے ہوئے چلے جاتے ہیں۔

ہم آہ بھی کرتے ہیں تو ہو جاتے ہیں بدنام
وہ قتل بھی کرتے ہیں تو چرچا نہیں ہوتا

ان جاسوس کتوں کی رنگینیٔ مزاج کا یہ عالم ہوتا ہے کہ جب تک کتیا ساتھ نہ ہو، یہ واقعات کی تفتیش سے آنا کانی کرتے ہیں۔

محکمہ بلدیہ کی طرف سے بار بار سڑک چھاپ کتوں کے خلاف باقاعدہ مہم چلائی جاتی ہے۔ اس دوران پورے محکمے کی مشنری ان بے زبانوں کے خلاف حرکت میں آجاتی ہے۔ کتوں کی گرفتاری کے لیے وارنٹ جاری کیے جاتے ہیں اور اچانک دھاوے مار کر کتوں کو سڑکوں سے گرفتار کیا جاتا ہے۔ یہ منظر کبھی کبھی کافی دلخراش ہوتا ہے کہ کتا اور اس کی محبوبہ (کتیا) بیچ سڑک میں عشق و محبت کے کھیل سے لطف اندوز ہوتے رہتے

ہیں اچانک ایک طرف سے بلدیہ کی گاڑیاں پہنچتی ہیں اور انتہائی ترتیبانہ انداز اختیار کرتے ہوئے گرفتاریوں کا سلسلہ شروع کر دیا جاتا ہے۔ بعض مرتبہ پکڑ دھکڑ کے چکر میں عاشق اور معشوق کے اس جوڑے میں سے ایک آدھ راہِ فرار اختیار کرنے میں کامیاب ہو جاتا ہے ورنہ ہر دو کو ہتھکڑیاں لگا کر سرِ بازار رسوا کرتے ہوئے گشت کرایا جاتا ہے۔ پھر ان پر زرِ جرمانہ عائد کر کے سزا دی جاتی ہے۔ کبھی کبھی یوں بھی ہوتا ہے کہ متعلقہ عملے کی غفلت اور لاپرواہی کے نتیجے میں کچھ "شریف" قسم کے کتوں کو بھی خواہ مخواہ حوالات کی ہوا کھانی پڑتی ہے جنھیں بعد میں مالکوں کے شخصی مچلکے پر رہا کیا جاتا ہے۔

ہر قصائی کی دوکان سے ایک یا دو کتوں کے حقوق وابستہ رہتے ہیں یہ عموماً سوتے ہوئے، جاگتے ہوئے اور کبھی کبھی اونگھ کر ہمہ وقتی ڈیوٹی انجام دیتے ہیں یہ کتے کافی پیٹ بھرے ہوتے ہیں اور دن بھر میں اتنا کچھ کھا پی لیتے ہیں کہ جسم کے بیشتر حصوں پر "خوشحالی" کے آثار نمایاں ہوتے ہیں۔ اگر انھیں صرف ہڈیاں پیش کی جائیں تو نہ صرف انکار کرتے ہیں بلکہ پیش کرنے والے کو حقارت کی نظر سے دیکھتے ہیں اور پھر بے نیازی سے اونگھنے لگتے ہیں۔ یہ کتے بیچ سڑک میں لوٹ پوٹ کرتے ہیں لیکن نازک مزاجی ملاحظہ ہو کہ اگر کسی نے بھول کر بھی انھیں دھکا دے دیا تو وہ فوراً حملہ آور ہوتے ہیں چنانچہ محاورہ مشہور ہے کہ "سوتے ہوئے کتے کو نہیں جگانا چاہیئے" (ورنہ لینے کے دینے پڑتے ہیں)

ہم لوگ کتوں کی دوستی سے بھی ڈرتے ہیں اور دشمنی سے بھی پناہ مانگتے ہیں کیوں کہ ہر دو صورتوں میں جان کے لالے پڑنے کا خوف لگا رہتا ہے۔ اگر بدنصیبی سے کسی کو کتا کاٹتا ہے تو سمجھیئے اس کی شامت آگئی ہے۔ کیونکہ زخم اور تکلیف کے علاوہ خود علاج کروانا کم تکلیف دہ نہیں ہوتا۔ ایک نہ دو، پورے اکیس انجکشن لگوانے پڑتے ہیں۔

یہی حال اُن بے چارے ڈاکٹروں کا ہوتا ہے جو چوبیس گھنٹے کتوں کی دیکھ بھال پر مامور ہوتے ہیں۔ اس طرح وہ خود اپنی صحت سے محروم ہو جاتے ہیں۔ ان کے مزاج میں اس قدر درشتی آ جاتی ہے کہ مریض تو مریض اپنے گھر والوں تک پر بھونکنے لگتے ہیں۔

جس طرح ماحول کے سانچے میں ڈھل کر ایک انسان دوسرے انسان کے رنگ میں ڈھل جاتا ہے اسی طرح کتوں پر بھی ان کے مالکوں کی عادات و اطوار کا راست اثر پڑتا ہے چنانچہ رشوت خوروں کے کتے بھی چھوٹے پیمانے پر "بخشش" طلب کرنے لگتے ہیں۔ ادیبوں اور شاعروں کے کتے خود بھی ادب شناس ہوتے ہیں صرف ان ہی لوگوں پر بھونکتے ہیں جن کے بارے میں شبہ ہو کہ ان صاحب نے کسی قسم کا ادبی سرقہ کیا ہے۔ موسیقاروں اور کلاکاروں کے کتوں کو گانے بجانے کا شوق ہوتا ہے۔ جب مالک گھر پر ریاض کرتے ہیں تو کتے کبھی طبلہ بجا کر کبھی کوئی اور ساز بیٹھ کر سنگت کرتے ہیں۔ اس کے علاوہ وہ آدھی رات کے وقت سنسان قبرستانوں میں فن کاری کی مشقیں کرتے ہیں۔ ڈاکٹروں کے کتے صرف اسی وقت بھونکتے ہیں جب کہ مریض "مفت" علاج کے لیے رجوع ہوتے ہیں۔ وکیلوں کے کتے موکلوں کے ساتھ پیشہ ورانہ روابط رکھتے ہیں۔ البتہ جب کبھی حریف وکیلوں سے سامنا ہو تو بھونکنے لگتے ہیں۔

دوسری طرف خود کتوں کی مسلسل صحبت میں رہتے رہتے ان کے مالکوں پر بھی خاطر خواہ اثر پڑتا ہے۔ ان کے سونگھنے کی حس بڑھ جاتی ہے، ہڈیاں چبا چبا کر کھانے لگتے ہیں۔ بات بات پر غراتے ہیں اور زیادہ غصہ آ جائے تو کاٹ کھانے

کو دوڑتے ہیں۔

کتا ویسے تو ایک وفادار جانور ہے پھر بھی جانور جو ٹھیرا۔ اس کی وفاداریاں بھی اس وقت تک مشتبہ نہیں ہوتیں جب تک کہ اُسے گوشت کے ٹکڑے، ہڈیاں، یا کُتیا نظر نہ آجائے کیوں کہ اس کے بعد اس کا ضمیر بِک جاتا ہے!

کایا پلٹ

"ہفتۂ خوش اخلاقی" کا اعلان کیا ہوا بس غضب ہو گیا۔ ویسے تو یہ اعلان رسمی نوعیت کا تھا لیکن اس کا ردِ عمل اتنا غیر متوقع نکلا کہ خود حکام حیران ہو گئے۔ ہر شخص خواہ اس کا تعلق زندگی کے کسی بھی شعبے سے ہو اس بات پر کمربستہ ہو گیا کہ وہ انتہائی خلوص اور ایمانداری کے ساتھ اس مہم میں عملی طور پر حصہ لے گا جس طرح بیماریاں لہر کی شکل اختیار کرتی ہیں اسی طرح "شرافت" وبا بن گئی اور یہ ایک جنگل کی آگ کی طرح چاروں طرف پھیل گئی۔ ملک اس اچانک تبدیلی کی تاب نہ لا سکا۔ چنانچہ سارا نظام مفلوج ہو کر رہ گیا۔ عوام نے آج تک مختصر تعداد میں ڈاکوؤں، اسمگلروں اور دوسرے مجرموں کو ہتھیار ڈالتے اور اپنے آپ کو قانون کے حوالے کرتے دیکھا تھا لیکن کون اس بات کا تصور بھی نہیں کر سکتا تھا کہ اتنے بڑے پیمانے پر کایا پلٹ ہو گی۔

ہر شعبۂ حیات اور ہر میدان میں تبدیلی کے آثار نمایاں تھے اور ہر شخص زیادہ سے زیادہ خوش اخلاقی کا مظاہرہ کر کے دوسروں پر سبقت لے جانا چاہتا تھا۔

شراب خانوں میں جہاں آئے دن نشہ میں دُھت ہو کر لوگ غنڈہ گردی پر اُتر آتے اور ایک دوسرے کو گالی گلوچ اور مار پیٹ کیا کرتے تھے غیر معمولی شائستگی کے مظاہرے دکھائی دینے لگے۔ شرابیوں نے اپنا حلیہ درست کیا مہذب لباس پہن کر باوقار طریقے سے شراب خانے پہنچنے لگے۔ ایمانداری سے قیمت پیشگی ہی ادا کر کے عاجزی اور انکساری کے ساتھ شراب کی سپلائی کے لیے "درخواست" کرنے لگے۔ کہاں وہ ظالمانہ رویّہ اور کہاں یہ خاکساری۔ ایک سے بڑھ کر ایک مست خود شرابی کا بھی رنگ ڈھنگ بدل چکا تھا۔ اب شرابی بڑے ہی سلیقے اور نفاست سے شراب کے ایک ایک گھونٹ کی چسکیاں لینے لگے۔ ایسا معلوم ہوتا تھا جیسے وہ بتخواہ می نہ کر رہے ہوں بلکہ آبِ حیات قطرہ قطرہ کر کے حلق کے نیچے اُتار رہے ہوں۔ بار بار گلاس توڑنے اور میزوں پر مکّے مارنے کا سلسلہ ختم کر کے شرابی عمر خیام کی طرح سنجیدہ ہو کر کبھی غالب اور کبھی اقبال کے اشعار گنگنانے لگے۔ یہ اور بات ہے کہ نشہ آلودگی کے سبب وہ داغ کے شعر کو میر سے اور مومن کے شعر کو ظفر کے دیوان سے منسوب کرنے لگتے۔ یہ ایک حقیقت ہے کہ حالتِ نشہ میں بعض سنجیدہ شاعر بھی اپنے آپ کو غالب یا داغ کہنے لگتے ہیں۔ شراب خانوں کے مالک اس خوش گوار تبدیلی پر سخت حیران تھے حالانکہ روز روز شرابیوں کی گالی گفتار سے وہ اس قدر مانوس ہو گئے تھے کہ ایسی ہی ان کا اوڑھنا بچھونا ہو گیا تھا:

کتنے شیریں ہیں تیرے لب کہ رقیب
گالیاں کھا کے بے مزہ نہ ہوا

غنڈوں اور بدمعاشوں کو حوالات اور جیل کی کال کوٹھریوں میں مار پیٹ اور ایذا رسانی کی بجائے "گھر داماد" جیسا سلوک ملنے لگا۔ ہتھکڑیوں کی بجائے پھولوں کے ہار اور گلدستے پیش کر کے اُن کا استقبال کیا جانے لگا۔ سارے بدمعاش واردانوں کے فوراً بعد رضاکارانہ طور پر خود کو قانون کے حوالے کرنے لگے اور اس طرح اپنی اخلاقی ذمہ داریوں سے عہدہ برآ ہونے لگے اس سے قانون کا کام آسان ہو گیا اور مجرموں کو اُن کی مرضی کے مطابق سزائیں دی جانے لگیں۔

خودی کو کر بلند اتنا کہ ہر تقدیر سے پہلے
خدا بندے سے خود پوچھے بتا تیری رضا کیا ہے

نتیجہ میں پولیس تھانوں پر مایوسی اور سناٹے کا ماحول چھا گیا۔ اور وہاں مکڑیاں اپنے جال بُننے لگیں۔

چوروں نے اپنے طریقۂ کار میں بنیادی تبدیلی پیدا کر لی۔ انھوں نے رات کی تاریکی میں چھپتے چھپاتے نقب زنی کرنا بند کر دیا۔ اب سُرخرو ہو کر دن دھاڑے مکان پر پہنچنے لگے باقاعدگی سے دستک دے کر صاحبِ خانہ کو بلاتے۔ علیک سلیک کے بعد اپنے ارادوں سے آگاہ کرتے پھر اُن سے اجازت لے کر قیمتی اشیاء کی باقاعدہ فہرست تیار کرتے بعد میں کانٹ چھانٹ کے ذریعہ وہی سامان لے جاتے جس کے وہ مناسب دام کھرے کر سکیں۔ اس سے پہلے یہ ہوتا آیا تھا کہ چور اکثر صورتوں میں مکان مالکوں کی غیر موجودگی میں دھاوے مارتے اور اندھا دھند طریقے سے گھر کے سامان پر ہاتھ صاف کرتے چنانچہ ایک ہی علاقہ میں انھیں ایک ہی ماڈل کے چار چار، پانچ پانچ ریڈیو سیٹس یا ٹرانسسٹر ہاتھ لگتے اب جو انھوں نے اپنے کام میں باقاعدگی پیدا کر لی تو اس سے یہ فائدہ ہونے لگا کہ

ایک گھر سے وہ ریڈیو سیٹ اڑاتے تو دوسرے سے ٹی۔ وی، پھر تیسرے گھر سے ریفریجریٹر تو کہیں اور سے ایر کنڈیشنر، چوری میں جب سوشلزم آگیا تو ہر سلمان کا مناسب استعمال ہونے لگا۔ اس کے ساتھ وہ مکان مالکوں کی معاشی حالت پر بھی گہری نظر رکھنے لگے اور نقدی صاف کرتے وقت اس بات کا خیال ضرور کرتے کہ ان کی اس حرکت سے مالک مکان کو کس قدر نقصان ہوسکتا ہے اور آیا وہ اسے برداشت کرنے کی صلاحیت بھی رکھتا ہے یا نہیں۔ جب چوروں نے اس طرح اخلاق کا بے دریغ مظاہرہ کرنا شروع کر دیا تو مالک مکان بھی جوابی کارروائی کے طور پر چوروں کا ہاتھ بٹانے لگے۔ انھوں نے اپنی دفاعی جدوجہد ختم کردی اور اپنی مرضی و خوشی سے گھر کا ایک سے ایک بیش قیمت سامان چوروں کی نذر کرنے لگے تاکہ چور اپنی ضروریات کے مطابق سامان خود چن لیں اور ساتھ لے جائیں۔ اس باہمی تعاون کا یہ فائدہ ہونے لگا کہ چوروں اور مکان مالکوں کے درمیان تصادم کے جو واقعات پیش آتے تھے ان کا خاتمہ ہوگیا اور فریقین کے درمیان "شریفانہ معاہدہ" طے پاگیا۔

بھینسوں نے دودھ دیتے وقت اڑیل پن اور لات مارنے کا سلسلہ ختم کردیا اور خوشی خوشی دودھ دینے لگیں۔ دودھ فروشوں نے "پانی" کی ملاوٹ بند کردی اور خالص دودھ فروخت کرنے لگے۔ ہونا تو یہ تھا کہ لوگوں پر اس کا خوش گوار ردعمل ہوتا لیکن صورت حال اس کے برعکس تھی۔ عوام کی اکثریت جواب تک خالص دودھ کے ذائقے سے محروم اور نا آشنا تھی اب یکایک خالص دودھ پاکر بے شمار مصیبتوں میں گھر گئی۔ بچے اور بڑے "ملاوٹ" کے دودھ کے عادی تھے چنانچہ خالص دودھ پیتے ہی ان میں سے اکثر بدہضمی کا شکار ہوکر دواخانے پہنچ گئے۔ اسی قسم کی مشکلات سے

مٹھائی کے شوقینوں کو بھی دو چار ہونا پڑا۔ وہ ہمیشہ ملاوٹ کی مٹھائیاں کھاتے آ رہے تھے۔ اب دوکانداروں نے مٹھائی میں اصلی گھی، بادام، شکر اور میووں وغیرہ کا استعمال شروع کر دیا تو صحت خوروں میں سے کچھ کو "ذیابیطس" کے عارضہ نے آ گھیرا اور دیگر افراد "یرقان" سے متاثر ہو گئے۔ اور چیزوں کے علاوہ "نمک" بھی اصلی حالت میں عوام تک پہنچنے لگا جس کا خاطر خواہ ردِ عمل یہ ہوا کہ لوگوں کے کردار میں تبدیلی رونما ہونے لگی۔ "نمک حرام" راتوں رات "نمک حلال" بن گئے۔

ٹرانسپورٹ کارپوریشن نے انوکھی ترغیبی اسکیم شروع کی۔ تمام قدیم اور ناکارہ بسوں میں "مفت" سفر کی سہولت فراہم کرنے کے علاوہ خود کارپوریشن کی طرف سے "مسافروں" کو مقررہ شرح پر "جرمانہ" ادا کیا جانے لگا (اس قسم کا ہرجانہ یورپ و امریکہ کے عوام عدالتوں میں مقدمات پیش کر کے حاصل کرتے ہیں) سفر جس قدر ایذا رساں ہوگا معاوضہ اسی طرح معقول ہوگا۔ گاڑیاں دھواں پھینکتی ہوں، انجن سے غیر ضروری آوازیں آتی ہوں، سیٹیں تار تار ہوں یا اسپرنگ ندارد ہوں غرض ہر شکایت کو پیشِ نظر رکھ کر ہرجانہ ادا ہونے لگا۔ چنانچہ بعض منچلوں نے اپنی اپنی ملازمتوں سے چھٹی حاصل کی اور پیسہ کمانے کی خاطر دن رات بسوں میں سفر کرنے لگے۔ مزید خیر سگالی کا مظاہرہ کرتے ہوئے کارپوریشن نے چند بسیں یونیورسٹی اور کالجوں کے ہڑتالی طلباء میں تحفتاً تقسیم کیں۔ تاکہ بسوں پر سنگباری اور دیگر تخریبی کارروائیوں کے لیے طلباء کو خواہ مخواہ گلی کوچوں کی خاک چھاننے کی زحمت نہ ہو اور اُن کا کام آسان ہو جائے۔

اسی طرح تھیٹر زدہ والوں نے "بکواس" فلمیں دیکھ کر عوام کو ہر قسم کی ذہنی

اذیتوں سے دوچار ہونا پڑتا تھا اس کا ازالہ کرنے کی خاطر انھیں "معاوضہ" ادا کرنے کا اعلان کیا۔ جہاں لوگ ٹکٹ کے حصول کے لیے قطار در قطار کھڑے ہوتے تھے اب تھیٹر کی طرف سے پیش کیے جانے والے "ہرجانہ" کی ادائیگی کے لیے اپنی اپنی باری کا انتظار کرنے لگے تھے۔

منوج کمار، نصیر الدین شاہ جیسے اداکاروں کی فلموں کی نمائش کے وقت تھیٹرز میں سوائے اسٹاف کے اور کوئی نہ ہوتا تھا۔ اب یہ حال تھا کہ تل دھرنے کی جگہ نہ تھی۔ دوسری طرف تھیٹرز کے انتظامیہ نے انقلابی اقدامات کرتے ہوئے "گیٹ کیپرز" کی ڈیوٹی انجام دینے والے تمام پہلوانوں کو سبکدوش کردیا اور اُن کی جگہ ایک سے ایک قاتل ادا حسینہ کو "گیٹس" پر متعین کیا۔

ہوائی جہازوں، ٹرینوں وغیرہ کی آمد و رفت مقررہ اوقات میں ہونے لگی۔ دلچسپ بات یہ تھی کہ بمبئی کی فلائیٹ "واقعی" بمبئی جانے لگی کیوں کہ اس سے پہلے اکثر ایسا ہوتا تھا کہ آپ بمبئی کے جہاز میں سوار ہوتے اور دو گھنٹوں کی اُڑان کے بعد پتہ چلتا کہ آپ بخیر و عافیت دہلی ایرپورٹ پر پہنچ گئے ہیں۔ اس قسم کی گمراہ اُڑانوں کے لیے ہر بار کوئی نہ کوئی وجہ ضرور پیش کی جاتی ہے۔

۵ عذرِ گناہ بدتر از گناہ

مفسدوں نے نئی حکمتِ عملی اختیار کی۔ گروہ واری رقابتوں اور دنگے فسادوں کے دوران جتنے بھی لوگ معاشی نقصان کا شکار ہوتے انھیں خاطر خواہ مالی امداد پہنچانے۔ جو زخمی ہوں ان کی مرہم پٹی کرواتے اور ضرورت ہو تو دواخانے بھی پہنچانے کا بندوبست کرتے۔ ہر کام اخلاق کے دائرے میں رہ کر کیا جاتا۔ اس کے علاوہ اپنے

مخالفین اور دشمنوں کو بھی کثیر مقدار میں آتشیں اسلحہ، چاقو چھری اور دیگر مہلک ہتھیار فراہم کرکے "اسپورٹس مین اسپرٹ" کا مظاہرہ کرنے لگے۔

؎ مقابلہ تو دلِ ناتواں نے خوب کیا

طوائفیں اور کیبرے ڈانسر نے عریانیت کو ٹھوکر مار کر مہذب کپڑوں کو اپنا شعار بنا لیا۔ رقص گناہ نہ رہا، عبادت بن گیا۔

بھکاریوں نے آمرانہ رویہ چھوڑ دیا۔ لوگوں سے گالی گلوچ بند کردی۔ جبر و دباؤ کے ہتھکنڈوں سے دست برداری اختیار کرکے "درویشانہ" انداز میں دامن پھیلانے لگے۔ بھیک ملے نہ ملے ہر صورت میں صبر و تحمل کا مظاہرہ کرنے لگے۔

رکشا رانوں نے اپنی رنگ برنگی ننگیاں پھاڑ ڈالیں۔ اور لکھنوی طرز کے کرتے پنٹلی دار پاجامے اور ململ کی جالی دار ٹوپیاں پہننا شروع کردیں۔ بات بات پر گالی گلوچ کے بجائے شاعرانہ انداز میں گفتگو ہونے لگی۔ کچھ زندہ دلوں نے شہزادہ سلیم کی طرح سرخ گلاب سے گریبان کو آراستہ کیا اور انارکلی کی تلاش میں نکل پڑے۔

ہپیوں نے اپنے بال ترشوالیے۔ داڑھی اور مونچھیں صاف کروالیں۔ غلاظت اور گندگی سے آلودہ جینز (JEANS) اُتار پھینکیں۔ غسل کیا۔ اور شریفانہ لباس زیب تن کیا۔

کتوں نے بھونکنا چھوڑ دیا۔ اور بلیوں کی تقلید کرتے ہوئے "میاؤں میاؤں" کی آوازیں نکالنے لگے خود بلیوں نے بھی چوہوں پر جھپٹنے کی عادت پر قابو پا لیا اس کے بجائے انھیں ترغیب دے کر اپنے جال میں پھانسنے لگیں۔

گدھوں نے اپنی لاابالی عادتیں چھوڑ دیں۔ دھوبی کے "گھر اور گھاٹ" دونوں سے انصاف کرنے لگے۔ سڑکوں اور عام مقامات پر لوٹ پوٹ کا سلسلہ بند کر کے صرف کھلے میدانوں اور قبرستانوں تک اپنی سرگرمیوں کو محدود کر لیا۔ کھانے پینے کے معاملے میں اتنے محتاط ہو گئے کہ فرقہ پرست رسالوں اور اخبارات کی ردّی تک کھانا چھوڑ دیا۔ بے ضرر قسم کی "دولتیاں" جھاڑنے لگے اور "ڈھینچوں ڈھینچوں" کرتے وقت بھی سُر اور تال کا خیال رکھا جانے لگا۔

"سانپ" اور "نیولے" نے اپنی ازلی دشمنی سے دستبرداری حاصل کی۔ اور جنگ بندی کا اعلان کر دیا۔ آپسی بات چیت کے ذریعہ اختلافات کو دور کرنے سے بھی اتفاق کر لیا۔ آستین کے سانپوں نے گلے کا پھندہ بن جانے کی روش ترک کر دی اور "دودھ" کا حق ادا کرنے کا عہد کر لیا۔

ریس کے گھوڑوں نے "جوے بازوں" پر لعنت بھیجی اور توبہ کر کے "تانگوں" میں جُت گئے۔ عیاشی کی زندگی کو خیرباد کر کے سخت محنت کرنا شروع کی اور حلال کی روٹی کمانے لگے۔ شراب کباب چھوڑ کر عام گھوڑوں کی طرح "چارہ" کھانے لگے جاکیوں نے اپنا وزن بڑھایا، سرکس میں ملازمت حاصل کی اور کرتب دکھانے لگے۔ دولتمند جواریوں نے شراب خانوں میں اپنا غم غلط کرنا شروع کر دیا اور غریب جواری، "دارو" کے اڈوں میں پناہ ڈھونڈنے لگے۔

فحش نگار ادیبوں اور شعراء نے خود کپڑے پہنے۔ اپنی تخلیقات کو صاف پانی سے دھویا بار بار زمین پر پٹخ کر تمام غلاظت اور گندگی دور کی (ٹھیک اسی طرح جیسے مچھلی کی بدبو سے چھٹکارہ حاصل کیا جاتا ہے) اور پھر انھیں دیر پر دل

میں بیٹھ کر بازار دیکھنے لگے۔

بک رہا ہوں جنوں میں کیا کیا کچھ
کچھ نہ سمجھے خدا کرے کوئی!

کرایہ داروں نے کورٹ کچہری کے بغیر کرایہ ادا کرنا شروع کر دیا۔ اور مکان داروں نے کرایہ داروں کو تنگ کرنا چھوڑ دیا۔ مطالبات منوانے کی خاطر "برقی" اور "پانی" کی سرِ براہی منقطع کرنے کے ہتھکنڈے ترک کر دیے۔

ٹیکسوں کی چوری ختم ہو گئی اور لوگ ایمان دارانہ طریقے اختیار کرتے ہوئے اپنی اپنی آمدنیوں اور اخراجات کا حساب کتاب دینے لگے۔

اسپتالوں کا عملہ اس قدر فرض شناس ہو گیا کہ نہ صرف انسانوں کا علاج بلا عذر و حیلہ کرنے لگے بلکہ حیوانوں تک کو طبی امداد پہنچانے لگے۔

ایک ہفتہ بعد ——————!

اللہ اللہ کر کے "ہفتہ خوش اخلاقی" خیر و خوبی سے گزر گیا۔ پچھلے سات دنوں کی اخلاقی پابندیوں سے ہر کس و ناکس نڈھال ہو گیا تھا اب جو پھر چھوٹ ملی تو سب نے سکون کا سانس لیا اور پھر سے پرانی ڈگر پر رواں دواں ہو گئے۔

وہی رفتار بے ڈھنگی، جو پہلے تھی سو اب بھی ہے

دروغ گوئی

جس طرح بے شمار آفاتِ سماوی ناگہانی طور پر ٹوٹ پڑتی ہیں، دروغ گوئی بھی ایک بیماری کی شکل میں نازل ہوتی ہے اور لوگ جھوٹ بولنے لگتے ہیں۔ مریضوں پر بار بار دورے پڑتے ہیں وہ اچانک اپنے ہوش و حواس کھو بیٹھتے ہیں اور جب تک بے لگام ہو کر جھوٹ نہیں ہانکتے ان کے اعصاب معمول پر نہیں آتے۔ اس دوران ان کے اعضائے رئیسہ مفلوج ہو جاتے ہیں۔ ڈاکٹروں نے ابھی تک ایسی کوئی دوا یا انجکشن نہیں ایجاد کیا ہے جو اس مرض کی روک تھام میں ممد و معاون ثابت ہو۔ چنانچہ اس بیماری کے جراثیم ہوا میں تحلیل ہو کر چاروں طرف پھیل جاتے ہیں۔ لوگوں پر جب بھی اس قسم کی کیفیت طاری ہوتی ہے وہ اپنے آپ سے لاتعلق ہو کر بے بنیاد واقعات اور من گھڑت قصوں کا تانا بانا بنتے ہوئے باقاعدگی سے دروغ بیانی کرتے

ہیں انہیں اس بات کا بالکل کوئی شعور نہیں ہوتا کہ وہ کیا کہہ رہے ہیں جب ان کے ہوش وحواس ٹھکانے پر آتے ہیں تو یہ بات اُن کی یادداشت سے پوری طرح غائب ہوجاتی ہے اگر انھیں یاد دہانی بھی کرائی جائے تو وہ خود ہی اپنے بیان کی تردید کرنے لگتے ہیں چنانچہ مثل مشہور ہے ؎

دروغ گو را حافظہ نباشد

بعض افراد تفریحِ طبع کی خاطر جھوٹ موٹ ہانکتے ہیں۔ اس قسم کا جھوٹ ہانکنے والوں کا کوئی خاص مقصد نہیں ہوتا بلکہ وہ چائے کی چسکیاں لیتے ہوئے اور سگریٹ کے کش لگاتے ہوئے کچھ نہ کچھ بے پرکی اُڑاتے ہیں تاکہ فرصت کے اوقات کا پورا پورا لطف اُٹھا سکیں۔ یہ افراد سیاست سے لے کر معاشیات تک ہر موضوع پر چیدہ چیدہ گفتگو کرتے جاتے ہیں کیوں کہ وہ جانتے ہیں کہ انھیں کسی بھی موضوع پر پورا پورا عبور حاصل نہیں ہوتا ہے۔ غرض گفتگو کے دوران کسی سیاست دان کے بارے میں جھوٹ سچ لگائیں گے یا کسی اور شخصیت کی کردار کشی کریں گے۔ جوں ہی چائے کا دور ختم ہوا گفتگو کا سلسلہ بھی منقطع ہو جاتا ہے اور فریقین اپنے اپنے گھروں کی طرف رواں دواں ہو جاتے ہیں۔

بعض لوگ جو نسبتاً کم گو ہوتے ہیں وہ بھی مناسب موقع کی تلاش میں رہتے ہیں۔ جب بھی ماحول سازگار ہو تو اس سے خاطر خواہ استفادہ کرتے ہوئے باکمال طریقے سے جھوٹ کے پل باندھنے لگتے ہیں ٹھیک اُسی طرح جیسے بچھو ڈنک مارتا ہے۔ آن کی آن میں آپ کے تن بدن میں آگ لگ جاتی ہے مگر آپ کچھ نہیں کر پاتے اور بے سروسامانی کے عالم میں اپنے آپ کو موذی دروغ گو کے

ہونے کرنے پر مجبور ہوتے ہیں وہ پے در پے حملے کرتا ہے اور ساتھ میں لُطف اندوز ہوتا جاتا ہے آپ کی حالت غیر اختیاری طور پر خراب ہونے لگتی ہے آپ اچانک بیہوش ہوجاتے ہیں۔ ڈاکٹر کی طلبی ہوتی ہے اور وہ حسبِ معمول آپ کی نبض ٹٹولنے کے علاوہ جسم کے ہر اہم عضو کی جانچ پڑتال کرتا ہے۔ سائنس بھی یہاں بے بس اور لاچار نظر آتی ہے کیوں کہ ڈاکٹر بے ہوشی کا سبب نہیں جان پاتا۔ کچھ دیر بعد آپ خود سے ہوش کی دُنیا میں واپس آتے ہیں اور اپنی بے ہوشی کے اسباب کی طرف اشارہ کرتے ہیں۔ ڈاکٹر آپ کی بات پر یقین نہیں کرتا۔ بلکہ اُلٹا آپ کی دماغی حالت کے بارے میں شکوک کا اظہار کرتا ہے۔ آپ ڈاکٹر پر لعنت بھیجتے ہیں اور پھر سے بیہوش ہونے کی دھمکی دیتے ہیں۔ بالآخر ڈاکٹر اپنی فیس لے کر وہاں سے چلتا بنتا ہے اور آپ کی جان چھوٹتی ہے۔

بعض افراد تعارف کے موقع پر غلط بیانی سے کام لیتے ہیں۔ ان کی دروغ گوئی عام طور پر دفاعی نوعیت کی ہوتی ہے۔ یہ لوگ محض فریقِ ثانی پر اپنی شخصیت کا بوجھ ڈال کر اسے زیرِ بار کرتے ہیں۔ اپنی قابلیت، معاشی و سماجی حیثیت اور دیگر صلاحیتوں کو بڑھا چڑھا کر پیش کرتے ہیں کیوں کہ وہ جانتے ہیں:

گربہ کشتن روزِ اوّل

لیکن بعض بعض صورتوں میں نشانہ خطا ہو جاتا ہے اور فریقِ ثانی مرعوب ہونا تو کجا، بداعتقادی کرنے لگتا ہے ؎

دروغ گویم بر روئے تو

بعض احمق ڈینگیں مارنے میں یکتائے عصر ہوتے ہیں لیکن انتہائی بدسلیقہ مندی

سے جھوٹ بولتے ہیں انھیں بالکل اس بات کا شعور نہیں ہوتا کہ دروغ گوئی کے بھی اپنے آدابِ فن ہوتے ہیں آدمی جب جھوٹ بولے تو اتنی احتیاط ضرور برتے کہ دوسرا شخص اس پہ بدگمان نہ ہو یہ کام بڑی آسانی سے کیا جاسکتا ہے۔ جس طرح دودھ میں پانی ملایا جاتا ہے اگر سچ اور جھوٹ کی آمیزش محتاط طریقے سے کی جائے تو عام آدمی تو کیا، بڑے سے بڑا کیمیکل اگزامنر بھی دودھ کا دودھ اور پانی کا پانی نہیں کرپائے گا بعض ناعاقبت اندیش غیر محتاط طریقے سے رائی کا پہاڑ بنانا چاہتے ہیں جو فنی کمزوریوں کا شکار ہوکر دھڑام سے زمین پر آن گرتا ہے اس کے برخلاف اگر جھوٹ کو پوری احتیاط کے ساتھ بار بار دہرایا جائے تو ایک مرحلہ ایسا آتا ہے جہاں یہ جھوٹ، سچ سے زیادہ بہتر اور قابلِ تعظیم نظر آنے لگتا ہے۔

انگریزی میں جھوٹے کو "LIAR" کہتے ہیں اور وکیل کو "LAWYER" غیر دانستہ طور پر بعض وقت تلفظ کے اُلٹ پھیر کے نتیجے میں وکیل کو "LIAR" لکھا جاتا ہے۔ درحقیقت پیشہ وکالت اور دروغ گوئی میں چولی دامن کا ساتھ ہوتا ہے کسی بھی وکیل کی پیشہ ورانہ کامیابی کا انحصار اس بات پر ہوتا ہے کہ وہ کس حد تک دروغ گوئی کا متحمل ہوسکتا ہے کچھ وکیل نہ صرف خود جھوٹ بولنے میں ید طولیٰ رکھتے ہیں بلکہ جھوٹے دلائل پیش کرنے سے لے کر پیشہ ور جھوٹوں سے دروغ حلفی کروانا حقائق کو توڑ مروڑ کر پیش کرنا حقیقت کو افسانہ بنادینا اور افسانہ کو حقیقت ثابت کرنا ان کا روزمرہ کا معمول ہوتا ہے۔ بعض صورتوں میں ان دروغ گوئی کا مقصد کسی بے گناہ کی جان بچانا یا مستحق کو اس کا حق دلانا ہوتا ہے جو ایک حد تک قابلِ تحسین ہوتا ہے۔

دروغ مصلحت آمیز یہ از راستی فتنہ انگیز

لیکن وکیلوں کا جھوٹ اس وقت وبالِ جان بن جاتا ہے جب ان کی بے پناہ دروغ گوئی سے مجرموں کو ترغیب ملتی ہے کہ وہ گھناؤنے جرائم کا ارتکاب کریں اور قانون کی آنکھوں میں خاک جھونکیں اور باعزت طریقے سے بری کر دیئے جائیں۔ انھیں بالکل احساس نہیں ہوتا کہ وہ ظالم اور سفاک مجرموں کی پشت پناہی کرتے ہوئے آستین میں سانپ پال رہے ہیں جو ایک دن خود اُن کی اپنی سلامتی کے لیے خطرہ ثابت ہو سکتا ہے۔

الیکشن کے موقعوں پر سیاست دان نہ صرف حریفوں کے خلاف زہر افشانی میں اپنی ساری صلاحیتیں صرف کرتے ہیں بلکہ دروغ بیانی میں سبھی ایک دوسرے پر سبقت لے جانے کی کوشش کرتے ہیں۔ مخالف جماعتوں اور ان کے کارکنوں کے تعلق سے بے بنیاد پروپگنڈہ کرتے ہیں اور ان پر جھوٹے الزامات اور بہتانوں کی بوچھار کر کے انھیں عوام کی نظروں میں بدگمان کرتے ہیں۔ اس کے ساتھ ہی عوام کی حالت زار پر مگرمچھ کے آنسو بہائے جاتے ہیں۔ ایک بار عوام گمراہی پر آمادہ نظر آئیں تو ان سے جھوٹے وعدے کیے جاتے ہیں۔ طفل تسلیاں دی جاتی ہیں بھولے بھالے عوام سیاست دانوں کے ورغلانے میں آجاتے ہیں اور انھیں ووٹ دے کر خود غرضی کا شکار ہو جاتے ہیں۔

سیاسی اور فرقہ وارانہ فسادات کے دوران جھوٹوں کا کاروبار چمک اُٹھتا ہے۔ وہ اس موقع کا استعمال کرتے ہوئے ادھر سے ادھر افواہیں پھیلانے میں مصروف ہو جاتے ہیں۔ لوگوں کو فرضی قصے اور من گھڑت واقعات سُنا سُنا کر

مشتعل کرتے ہیں۔ جب وہ جنون کا شکار ہو کر ایک دوسرے کے خلاف صف آرا ہو جاتے ہیں تو وہ چپ چاپ وہاں سے راہِ فرار اختیار کرتے ہیں اور کسی گوشے میں پناہ گزین ہو جاتے ہیں۔

بعض افراد صرف نشہ کی حالت میں سچ بولتے ہیں کیوں کہ شراب حلق سے اترتے ہی انسان ترغیب و تحریص، جبر و دباؤ، مصلحت و مکاری غرض ہر قسم کے بندھنوں سے آزاد ہو جاتا ہے اور یک بیک سچائی اُگلنے لگتا ہے۔ ویسے بھی بعض سچ اتنے کڑوے ہوتے ہیں کہ انھیں عام حالات میں ہضم کرنا ناممکن ہوتا ہے بعض شرابی تو صرف زندگی کی تلخیوں کا مقابلہ کرنے کے لیے مےخواری کی لت میں مبتلا ہو جاتے ہیں۔

گورے چٹے لوگوں کی دروغ گوئی کو "سفید جھوٹ" کہا جاتا ہے۔ سیاہ فام افراد کا جھوٹ ان کے رنگ کی مناسبت سے" سیاہ جھوٹ" کہلاتا ہے۔ کوتاہ قد جیوں جوں جھوٹ بولتے جاتے ہیں ان کا قد بتدریج زمین میں دھنسنے لگتا ہے۔ طویل القامت افراد جن کی ذہانت پہلے سے مشتبہ ہوتی ہے۔ جھوٹ بولتے ہیں تو احمق نظر آتے ہیں۔

شادی بیاہ کے موقعوں پر جھوٹ کا دفتر کھل جاتا ہے۔ فریقین دولہا دُولہن کی تعریف اور توصیف میں زمین آسمان کے قلابے ملاتے ہیں جان بوجھ کر تمام کمزوریوں پر آہنی پردہ ڈال دیا جاتا ہے۔ اور صریح غلط بیانی کرتے ہوئے مبالغہ کے ساتھ خوبیاں بیان کی جاتی ہیں۔ ہر دُلہن کو الف لیلیٰ کی کہانیوں کی پری بنا دیا جاتا ہے۔ حسین و جمیل، کم سن و کم سخن، شگھڑ اور سلیقہ مند،

تعلیم یافتہ اور اطاعت گزار۔ دوسری طرف ہر دُولہا کو اعلیٰ خاندان کا فرد ہونے کے علاوہ تعلیم یافتہ، خوش باش وخوش پوش، صاحبِ جائیداد، صاحبِ حیثیت نیک اور صالح بنا کر پیش کیا جاتا ہے۔ غرض سارے جہاں کی خوبیاں مجوزہ جوڑے کے نام کر دی جاتی ہیں۔ جن میں سے بیشتر نہ صرف نادرد ہوتی ہیں بلکہ صورتحال بالکل برعکس ہوتی ہے۔

شادی سے متعلقہ تمام امور اطلاعات و نشریات دولہا یا دُولہن کے ایک صاحبِ حیثیت رشتہ دار کے سپرد کی جاتی ہیں۔ اس قسم کے نفتہ پرداز جھوٹ، مکاری اور فریب کاری میں بے مثال ہوتے ہیں اور اپنی پیشہ ورانہ صلاحیتوں کا بہترین مظاہرہ کرتے ہوئے ہر معاملے میں ایسی ایسی دروغ بیانیاں کرتے ہیں کہ ہر ایک دنگ رہ جاتا ہے جب تک شادی کی رسومات جاری رہتی ہیں۔ ایسے شخص کی لن ترانیوں سے سب متاثر ہوتے ہیں اور اسے سر آنکھوں پہ بٹھاتے ہیں سب کے سب اس کے مکر وفریب اور سحر بیانی کا شکار ہو جاتے ہیں۔ جوں ہی شادی کے تمام مراحل تکمیل کو پہنچے یہ جھوٹا دبے پاؤں وہاں سے کھسک جاتا ہے۔ رفتہ رفتہ فریقین پر ایک ایک جھوٹ کا پول کھلنے لگتا ہے وہ اس درمیانی شخص کی فریب کاریوں کو نظر انداز کر دیتے ہیں اور آپس میں ایک دوسرے پر الزامات عائد کرنے لگتے ہیں۔

شادی کے اشتہارات خاص طور پر جھوٹ کی بدترین شکل ہوتے ہیں لڑکی والوں کی طرف سے ترغیبی طور پر پیشکش کی جاتی ہے کہ دولہا کے لیے امریکہ یا خلیجی ممالک میں ملازمت اور سکونت کا بندوبست کیا جائے گا۔ اعلیٰ افراد کے اثر ونفوذ کا

اندازہ اس بات سے لگایا جا سکتا ہے کہ وہ اپنی لڑکی کے لیے صحیح ڈھنگ سے مناسب رشتہ نہیں تلاش کر سکتے لیکن ڈینگیں مارتے پھرتے ہیں کہ امریکہ یا خلیجی ممالک میں ملازمت اور سکونت کا بندوبست کر دیں گے۔ ... ظاہر ہے کہ بیشتر اشتہاری شادیوں کی نوبت صرف اس صورت میں آتی ہے جب دال میں کچھ کالا ہوتا ہے۔

تاجر پیشہ افراد کاروباری جھوٹ بولتے ہیں یہ جھوٹ صرف معاشی فائدہ حاصل کرنے کے لیے بولا جاتا ہے۔ دوکاندار گاہکوں کی روز مرہ ضرورتوں اور مجبوریوں کا ناجائز فائدہ اٹھاتے ہیں ضروری ادویات سے لے کر بچوں کے دودھ تک ہر چیز بلیک مارکیٹ پہنچ جاتی ہے۔ اگر آپ سادہ لوحی سے کیمسٹ کے ہاں پہنچ کر اس قسم کی اشیا طلب کریں گے تو وہ عدم دستیابی کا عذر کرے گا۔ اگر آپ منہ مانگی قیمت پیش کریں تو وہ فوراً مطلوبہ ادویات وغیرہ پیش کرے گا۔ دوسرے دوکاندار بھی قیمتوں کے معاملے میں صریح بددیانتی کا مظاہرہ کرتے ہوئے بیشتر موقعوں پر PRICE LIST کو نظر انداز کر دیتے ہیں اور خریدار کی قوتِ خرید دیکھ کر دام طلب کرتے ہیں۔ خریدار کچھ لالچی ہوتا ہے۔ کچھ مرہونِ منت ہو جاتا ہے اور دوکاندار کی خوشنودی کے لیے ضرورت کی اشیاء کے علاوہ کچھ غیر ضروری چیزیں بھی خریدنے پر مجبور ہو جاتا ہے۔

بے شمار شعراء اور ادیبوں نے اپنے کلام میں کہیں نہ کہیں جھوٹوں کو طعن و تشنیع کا نشانہ بنایا ہے۔ میر تقی میر نے بھی اپنا حق ادا کرتے ہوئے ایک مثنوی، جھوٹ کی مذمت کی ہے جس کے چند اشعار نمونے کے طور پر پیش ہیں۔

یوسفؑ کہ تھا نبی و صداقت شعار تھا
پھر حسنِ ظاہری سے وہ باغ و بہار تھا

پایانِ کار تیرے سبب چاک پیرہن
زنداں میں جا کے برسوں رہا چھوڑ کر وطن
اے جھوٹ تو تو ایک دل آویز ہے بلا
آشوب گاہ تجھ سے زمانہ سدا رہا
کس جاں کنی سے کوہکنی کوہکن نے کی
تصویر کھود شیریں کے پیش نظر رکھی
نزدیک جب ہوا کہ وہ مطلوب سے ملے
اب صبح و شام غنچۂ مقصودِ دل کھلے
دلالہ کے تو پردے میں آ کام کر گیا
دو باتوں میں وہ عاشقِ دل خستہ مر گیا

ایک اور جگہ فرماتے ہیں:

اے جھوٹ میرا دل بھی بہت دردناک ہے
ان کاذبوں سے صبح نمط جیب چاک ہے

خورونوش کے آداب

ساری دنیا کے لوگ عادتاً تین واضح گروہوں میں منقسم ہیں۔ پہلا گروہ انگلیوں سے کھانے کا عادی ہے۔ دوسرے گروہ کے لوگ چھری کانٹے استعمال کرتے ہیں۔ تیسرا گروہ لکڑی، ہاتھی دانت یا ہڈیوں سے بنائی ہوئی خاص تیلیاں استعمال کرتا ہے جسے انگریزی میں CHOPSTICKS کہا جاتا ہے۔ تاریخ دانوں کا خیال ہے کہ زمانۂ قدیم سے انسان انگلیوں سے کھاتا رہا ہے لیکن کم از کم چار ہزار سال قبل بھی چین کے باشندے "تیلیوں" کے استعمال سے واقف تھے۔ چنانچہ آج سارے مشرقی ایشیا میں تیلیوں کا استعمال ہے۔ دنیا کے دیگر علاقوں کے لوگ بدستور انگلیوں کا استعمال کرتے رہے ہیں۔ قطعی دعوے کے ساتھ کہنا مشکل ہے لیکن تاریخ میں چھان بین سے معلوم ہوتا ہے کہ ۱۶ ویں صدی عیسوی کے بعد سے یورپ میں کہیں نہ کہیں چھری کانٹے کا رواج تھا۔ پہلے پہل چھری کانٹے کا

استعمال شروع ہوا تو بیشتر لوگوں نے اس کی مخالفت کی اور اسے شیطانی قسم کی فتنہ پردازی قرار دیا۔ درحقیقت لوگ صدیوں سے انگلیوں سے کھانے کے عادی تھے اور اپنی عادتوں میں یکلخت تبدیلی کرنا نہ صرف ان کے لیے عملی طور پر دشوار تھا بلکہ وہ جذباتی طور پر بھی اس کے لیے تیار نہ تھے۔ روایت ہے کہ انگلستان کی ملکہ الزبیتھ اوّل انگلیوں سے کھانے کی عادی تھی اور ملکہ کی طرف سے برطانیہ کی بحریہ کو خاص طور پر ہدایت کی گئی تھی کہ وہ چھری کانٹے کے استعمال سے احتراز کریں۔ فرانس کے بادشاہ XIV Louis کے بارے میں مشہور ہے کہ نہ صرف وہ خود انگلیوں سے کھانا پسند کرتا تھا بلکہ اس نے شہزادوں کو بھی سختی سے پابند کیا تھا کہ وہ بادشاہ کی موجودگی میں چھری کانٹے کا استعمال کرنے سے باز رہیں۔ فرانس ہی کے ایک اور شہنشاہ نپولین بونا پارٹ III کے بارے میں روایت ہے کہ وہ شروع میں چھری کانٹے کا استعمال کرتا تھا۔ لیکن شاہ ایران سے ایک ملاقات کے دوران جب نپولین نے ایرانی حکمران کو انگلیوں سے کھاتے ہوئے دیکھا تو اسے کھانے کا یہ انداز بھا گیا اور اس نے فوراً چھری کانٹے کا استعمال بند کر دیا۔

چھری کانٹے کے حامیوں کا استدلال تھا کہ اس طرح کھانے میں پلیٹ اور ہونٹوں کے درمیان مناسب فاصلہ برقرار رہتا ہے اس کے علاوہ گرم غذاؤں کے استعمال کے لیے یہ طریقہ کافی سہولت بخش تھا۔ شروع میں فیشن کے طور پر لوگ چھری کانٹے سے کھانے لگے پھر بتدریج عادی ہوتے گئے۔ رفتہ رفتہ سارے یورپ اور امریکہ میں چھری کانٹے کا رواج عام ہو گیا۔

ہندوستان میں انگریزوں کی حکومت کیا قائم ہوئی محکوم عوام کی اکثریت

حکمران قوم کے عادات واطوار کی اندھادھند تقلید کرنے لگی۔ چنانچہ دیگر امور کی طرح خورد ونوش کے معاملے میں بھی لوگ انگریزوں کے نقشِ قدم پر چلنے لگے۔

عادتیں یکلخت نہیں چھوٹتیں۔ تاہم لوگوں نے اپنا شخصی وقار بلند کرنے کی خاطر راتوں رات چھری کانٹے کا استعمال شروع کر دیا لیکن وہ اپنے آپ کو پوری طرح انگریزی کلچر میں ڈھالنے میں دشواری محسوس کرنے لگے۔ اس دشواری پر قابو پانے کے لیے انھوں نے دوہری پالیسی اختیار کی۔ بڑی بڑی محفلوں میں باقاعدگی سے انگریزوں کے دوش بدوش چھری کانٹے کا استعمال کرتے۔ دوسری طرف چھپ چھپ کر روایتی طریقے سے کھانا کھاتے وقت انگلیوں کا استعمال بھی کرتے رہے۔ آج بھی اس دوغلی حکمتِ عملی کا دور دورہ ہے۔ لوگ عام دنوں میں انگلیاں چاٹ چاٹ کر کھانا کھاتے ہیں لیکن مہمانوں کی موجودگی میں کھانے کی میز پر جگہ جگہ چھری کانٹے سجاتے ہیں۔ مزہ تو اس وقت آتا ہے جب مہمان چھری کانٹے کے استعمال سے بے بہرہ ہوتے ہیں اور بوکھلاہٹ کا شکار ہو کر عجیب وغریب حرکتیں کرنے لگتے ہیں۔ بعض اس سے بھی ناواقف ہوتے ہیں کہ چھری کس ہاتھ میں پکڑیں اور کانٹا کس ہاتھ میں۔ وہ بے چارے اچانک ایک امتحان سے دوچار ہو جاتے ہیں۔ حیرت و پریشانی کے عالم میں چہرے پر ہوائیاں اڑنے لگتی ہیں۔ آنکھیں پھیل جاتی ہیں۔ پیشانی پر پسینے کے بے شمار قطرے اُبھر آتے ہیں۔ کوئی تدبیر نہیں سوجھتی۔ وہ گوشت کے بڑے بڑے لوتھڑوں کو راست طور پر حلق تک پہنچانے کے جتن کرتے ہیں۔ گوشت سخت ہے اور حلق اپنی کم مائیگی کی شکایت کرتا ہے۔ وحشیانہ طریقے سے دانتوں سے گوشت چبانے کی کوشش کی جاتی ہے پھر بھی کامیابی نصیب

نہیں ہوتی۔ آخر تھک ہار کر گوشت کا لوتھڑا بیدردی سے میز پر پھینک دیتے ہیں۔ گوشت سے مایوسی ہوئی تو مچھلی کی طرف رجوع ہوتے ہیں۔ معلوم ہوتا ہے کہ مچھلی ساری کی ساری کانٹوں سے الجھی ہوئی ہے۔ پھر وہی دشواری۔ کانٹوں کو مچھلی سے اور مچھلی کو کانٹوں سے کس طرح علیحدہ کیا جائے؟ کوئی صورت نظر نہیں آتی اور آخر تنگ آ کر وہ اس جھوٹ موٹ کے تہذیبی لبادے کو اُتار پھینکتے ہیں اور ہاتھوں سے مچھلی کے ٹکڑے علیحدہ کرنے لگتے ہیں۔ بدقسمتی یہاں بھی پیچھا نہیں چھوڑتی اور دو چار کانٹے انگلیوں میں دھنس جاتے ہیں۔ کہاں مچھلی کھانے کا شوق اور کہاں انگلیوں میں کانٹوں کی چبھن کا احساس۔ نان ذیحبہترین غذاؤں سے دل برداشتہ ہوئے تو چارو ناچار سبزی ترکاری کی طرف راغب ہوئے۔ کتابوں میں کہیں پڑھا تھا کہ بعض ترکاریاں انسانی صحت و تندرستی کے لیے بے حد مفید ہیں لیکن کون کمبخت اس وقت تندرستی کے بارے میں سوچنا چاہتا تھا۔ رہ رہ کر اس بات کا دُکھ کھائے جاتا تھا کہ سمندر کے کنارے پیاس سے تڑپنا پڑ رہا تھا اور پانی کا حصول ناممکن ہو گیا تھا۔ کتنے دن سے جتن کیے گئے تھے کہ آج کے دن خوب ڈٹ کر کھائیں گے، مرغ کی دھجیاں اُڑا دیں گے، مچھلی کی نوچ کھسوٹ کریں گے لیکن سارے ارمان دل ہی دل میں دَم توڑتے رہے۔ سبزی ترکاری کھانے کے بعد ضروری تھا کہ دہی چاٹیں کیوں کہ بہترین کھانوں کے بعد اگر دہی نہ چاٹا جائے تو کھانا حرام ہو جاتا ہے۔ مرغ و ماہی کی بے وفائی نے آگ بگولہ کر دیا تھا۔ اب جو غصہ اُتارنے کا موقع ملا تو دہی سے بھرا برتن ہاتھ میں اُٹھا لیا اور دونوں ہاتھ دہی میں ڈبوتے جاتے اور چاٹتے جاتے۔ کافی

دیر تک غڑپ شڑپ کا سلسلہ جاری رہا۔ دونوں ہاتھ کہنیوں تک دہی میں ڈوب چکے تھے۔ آنکھوں سے آنسو جاری ہوگئے اور ناک سے پانی بہنے لگا۔ بالآخر تھک ہار کر ایک کونے میں لڑھک گئے اور سستانے لگے۔

اگر آپ کسی بھی انسان کے اخلاق و آداب کا امتحان لینا چاہیں تو یہ کام صرف کھانے کی میز پر کر سکتے ہیں۔ ایک سے بڑھ کر ایک مہذب، خوش پوش اور خوش شکل انسان بھی کھانا کھاتے وقت درندہ صفت اور وحشی بن جاتا ہے اور کھانے پر ٹوٹ پڑتا ہے۔ ہر شخص کسی نہ کسی میدان کا غازی یا یکتائے عصر ہوتا ہے اور وہ کھانے وقت اپنی تمام تر صلاحیتوں کا مظاہرہ کرتا ہے۔ پہلوان اُچھاڑ پچھاڑ اور دھینگا مشتی مارکٹائی کرتا ہے۔ خواہ وہ اکھاڑے میں حریف کے ہاتھوں پسپا ہی کیوں نہ ہوا ہو۔ لیکن کھاتے وقت وہ پکے پکائے بکرے سے زور آزمائی کرے گا۔ پے در پے داؤ پیچ کا استعمال کرکے بکرے کی ہڈی پسلیوں کا بھرتہ نکالے گا۔ بے زبان بکرا اپنی مدافعت میں کچھ بھی نہیں کر سکتا۔ پہلوان اپنی ساری توانائیاں صرف کرکے بالآخر خود کو "فاتح" قرار دیتا ہے اور کھانے کی میز سے اٹھ جاتا ہے۔ پچھلے دنوں نمائشی کشتیوں کے سلسلے میں دہلی کے ایک اسٹیڈیم میں چند پہلوانوں کو ٹھیرایا گیا تھا۔ اخباری اطلاع کے مطابق ایک دن تمام پہلوان اچانک کچن میں گھس پڑے۔ متعلقہ اسٹاف کو بُری طرح زدوکوب کیا۔ کھانے پینے کی اشیاء اور برتن اُٹھا اُٹھا کر پھینکنے لگے۔ کافی دیر تک بد امنی اور ہنگامہ آرائی کا بازار گرم رہا۔ پھر پولیس کی مدد سے پہلوانوں پر قابو پایا گیا۔ بعد میں معلوم ہوا کہ پہلوانوں کی برہمی کا سبب یہ تھا کہ انھیں مناسب غذا نہیں فراہم کی جاتی تھی۔

قوال اور گویے اپنے ٹروپ کے ساتھ دعوتوں میں پہنچتے ہیں۔ سازندے ہر پل، ہر گھڑی "استاد" کے آگے پیچھے دوڑتے نظر آتے ہیں۔ طبلہ نواز جو عام طور پر جسمانی ساخت کے لحاظ سے کافی "ٹھوس" شکل کا ہوتا ہے استاد کے لیے کھانے کی میز پر مرغن غذاؤں کا ڈھیر لگاتا ہے۔ ہڈیوں کو گوشت سے الگ کر کے اور گوشت کو چاول سے جدا کر کے خالص گوشت کی پلیٹ استاد کی نذر کرتا ہے۔ شیر خود پرست ہوتا ہے۔ شکار کیا ہوا جانور پورا کبھی نہیں کھاتا اور بہت کچھ حصہ بچا کر لومڑی، گیدڑ اور دیگر جانوروں کے لیے چھوڑ جاتا ہے۔ استاد بھی پلیٹ میں سجے سجائے گوشت کا کچھ حصہ خود کھاتے ہیں اور پس خوردہ غذا اپنے طبلہ نواز، سارنگی ساز اور دیگر ساتھیوں کو پیش کرتے ہیں۔ گویے کھانا کھاتے وقت بھی سُر اور تال کا خیال رکھتے ہیں۔ کوئی "دادرا" طریقے سے کھاتا ہے تو کوئی سنجیدہ ہو کر "خیال" طریقے سے۔ کوئی "ٹھمری" تو کوئی "ترانہ"۔ کسی کے اسٹائل میں "راگ مالکوس" کے سُر میں تو کسی کے انداز میں "راگ درباری" کی جھلک۔ اگر کھانا پسند نہ آئے تو وہ "راگ دیپک" گاتے ہیں یہ درحقیقت میزبان کے خلاف سنگین احتجاج کی صورت میں گایا جاتا ہے کیوں کہ ردِ عمل کے طور پر میزبان جل کر بھسم ہو جاتا ہے۔ اسی طرح طبلہ نواز کھاتے ہوئے مختلف "تال" کا مظاہرہ کرتے ہیں کسی کو "چوتال" پسند ہے تو کسی کو "اکتال"۔ بعض "جھپتال" کی تگنی دگنی اور چوگنی کرتے ہیں تو کبھی "بلمپت" لے سے کھاتے ہیں۔

کچھ لوگوں کا پیشہ تجارت ہوتا ہے اور کچھ کا ملازمت۔ ٹھیک اُسی طرح بعض افراد کا پیشہ دن رات کھانا پینا ہوتا ہے۔ جو ہاتھ لگ جائے فوراً منہ میں ٹھونسنے کی فکر کریں گے۔ اس قسم کے لوگوں کو "بلا چٹ" کہا جاتا ہے۔ اس بیماری سے متاثرہ

افراد کی زیادہ تر تعداد بخیل ہوتی ہے اور دوسروں کا مال اڑا کر شکم پری کرتی ہے۔

ہیوں گا آج ساقی سیر ہو کر
میسر پھر شراب آئے نہ آئے

بعض افرادِ شکم سیری کو عبادت کا درجہ دیتے ہیں۔ کفن سر سے باندھ کر ضیافتوں میں پہنچتے ہیں اور مکروہ قسم کی "بسیار خوری" کے مرتکب ہوتے ہیں۔ چنانچہ یہ افراد جب بھی دعوتوں میں جانے کا قصد کرتے ہیں اُن کے گھر میں چاروں طرف چیخ پکار، آہ و بُکا کے نظارے دیکھنے میں آتے ہیں۔ اہل و عیال مختلف اندیشوں میں گھر جاتے ہیں۔ بیوی اپنے سہاگ کو خطرے میں دیکھ کر پریشان ہو جاتی ہے اور بچے یتیم ہونے کے ڈر سے لرز جاتے ہیں ان تمام کو روتا بلکتا چھوڑ کر یہ ناہنجار دعوت میں پہنچتا ہے اور بے لگام ہو کر کھاتا ہے۔

جب چلا داغ کوئے قاتل کو
ایک کہرام اس کے گھر میں پڑا

اُس کی کھانے سے رغبت اس قدر گہری ہوتی ہے کہ وہ دُنیا و مافیہا سے بےخبر ہو کر کھانے لگتا ہے۔ آخر گوشت پوست کا انسان جو ٹھہرا، کھاتے کھاتے ایک مرحلہ ایسا آتا ہے جب اس کے ہاتھ پیر مفلوج ہونے لگتے ہیں۔ آنکھیں اشکبار ہو جاتی ہیں۔ جسم سکڑنے لگتا ہے شکم دردآلود ہوتا ہے اور مریض فرش پر لوٹ لگانے لگتا ہے:

کبھی بیٹھے کبھی اُٹھے، کبھی لوٹے، کبھی تڑپے!
تماشا دید کے قابل ہے تیرے بیقراروں کا

کبھی کبھار صورت حال زیادہ نازک ہو جاتی ہے۔ مریض بے ہوش ہو جاتا ہے "ایمبولنس" کے ذریعے دواخانے منتقل کیا جاتا ہے۔ اگر وہ کسی نہ کسی طرح صحیح سلامت گھر واپس پہنچتا ہے تو اہل و عیال خوشی سے سارے گھر میں گھی کے چراغ جلاتے ہیں۔

دلچسپ بات تو یہ ہوتی ہے کہ عادی لسیار خور ہر موقع پر اپنی حرکتوں کا اخلاقی جواز پیدا کر لیتے ہیں۔ شادی بیاہ یا اسی قسم کی دیگر تقاریب میں متعلقہ افراد سے زیادہ شاداں و فرحاں نظر آتے ہیں اور سوگواری کے موقع پر جھوٹے موٹے آنسو بہاتے ہوئے ماتم پرسی کرتے ہیں غرض ہر صورت میں اپنے حلوے مانڈے سے کام رکھتے ہیں۔ کبھی ایسا ہوتا ہے کہ مہمان "حرام خور" ہوتا ہے۔ اور میزبان "کم ظرف" گویا "سیر کو سوا سیر موجود ہے"۔ دونوں میں باقاعدہ کھینچا تانی ہوتی ہے۔ میزبان کھانا سپلائی کرتے وقت نت نئے ہتھکنڈے استعمال کرتا ہے تاکہ لسیار خوروں کی برق رفتاری پر قابو پایا جا سکے۔ وہ منصوبہ بند طریقے سے بار بار نظروں سے غائب ہوتا ہے تو مہمان مسلسل چیخ پکار کر کے میزبان کو طلب کرتا ہے اور اپنے مطالبات کی ایک جامع فہرست حوالے کرتا ہے۔ اگر میزبان افسردگی سے مطلوبہ اشیائے خورد و نوش کی عدم دستیابی کا عذر کرتا ہے تو مہمان شدید برہم ہو کر میزبان کی کم مائیگی پر طنزیہ فقرے کسنے لگتا ہے اور اس طرح اس کی توہین کرتا ہے

داغ ہے بدچلن تو ہونے دو
سو میں ہوتا ہے اک غلام خراب

ہمارا خیال ہے کہ دعوتوں میں شرکت کرنا شیر کے منہ کا نوالہ بننے سے زیادہ خطرناک ہوتا ہے کیونکہ جس گھڑی آپ میزبان کی چار دیواری میں پہنچتے ہیں۔

آپ کی ساری انفرادیت یکلخت ختم ہو جاتی ہے آپ سانس لینے سے لے کر کھانے پینے تک ہر معاملے میں میزبان کے رحم و کرم پر ہوتے ہیں۔ آپ یہ بھی نہیں جانتے کہ وہ کب آپ سے کیسا سلوک کرے گا۔ آپ سے کیا کھانے اور کیا پینے کے لیے کہے گا۔ اکثر بڑی دعوتوں میں دیکھا گیا ہے کہ کھانے پینے کے معاملے میں صفائی و تندرستی کا خیال نہیں رکھا جاتا۔ برتن زنگ آلود ہوتے ہیں۔ پکوان کی بیشتر اشیاء مثلاً دودھ، دہی اور کھویا وافر مقدار میں استعمال ہوتا ہے۔ میزبانی کے جوش میں لوگ یہ بھی نہیں دیکھتے کہ جن ذرائع سے یہ اشیاء حاصل کی گئی ہیں وہ کہاں تک حفظانِ صحت کے تقاضوں کو پورا کرتے ہیں کیوں کہ اکثر صورتوں میں یا تو بھینسوں میں کوئی نہ کوئی بیماری ہوتی ہے یا نہیں تو دودھ فروش کسی پیچیدہ مرض میں مبتلا ہوتے ہیں۔ چنانچہ بد احتیاطی کے نتیجے میں وقت واحد میں ۲۰۰ اور ۳۰۰ افراد "سمیت غذائی" کا شکار ہو کر دواخانے پہنچتے ہیں بعض دعوتوں کا المیہ یہ تھا کہ متاثرہ افراد میں دولہا دولہن بھی شامل تھے اور ان بیچاروں کو "شبِ عروسی" دواخانے کے "جنرل وارڈ" میں گزارنی پڑی۔

عشق میں عیش کے بدلے یہ تباہی کیسی
پھنس گئی جان مصیبت میں الٰہی کیسی

قاضی صاحب

آج کے اخبار میں ایک بیحد دلچسپ خبر ہماری نظر سے گزری ہے۔ کہا جاتا ہے کہ ان دنوں شہر کے دو علاقوں کے قاضیوں کے درمیان "سرحدی تنازعہ" پیدا ہو گیا ہے۔ ہر دو علاقے کے قاضیوں نے ایک دوسرے پر سرحدی خلاف ورزیوں کے الزامات عائد کیے ہیں جس سے نہ صرف عوام کو تکلیف کا سامنا کرنا پڑ رہا ہے بلکہ محکمۂ اوقاف خود بھی تشویش

میں مبتلا ہے ــــــ ؟"

ہم نے تاریخ میں بارہا پڑھا تھا کہ صدیوں تک "قاضی" کی حیثیت بادشاہ یا خلیفہ کی طرح اہم ہوتی تھی۔ انھیں نہ صرف شرعی امور اور عدلیہ کے اختیارات حاصل تھے بلکہ حکومت کے بیشتر معاملات اُن کی رضا مندی سے انجام پاتے تھے۔ دوسرے الفاظ میں اقتدار کی باگ ڈور اُن کے ہاتھ میں ہوتی تھی اُن کی زبان سے نکلا ہوا ایک ایک لفظ پتھر کی لکیر ہوتا تھا۔ عوام تو عوام خود بادشاہ یا خلیفہ بھی اُن کی رائے سے اختلاف کی جرأت نہیں کر سکتے تھے۔ قاضی صاحب جب کبھی پُرشکوہ جلوس کی شکل میں شہر میں گشت کے لیے نکلتے تھے تو گلی کوچوں میں عوام قطار در قطار کھڑے ہو کر دست بستہ آداب بجا لاتے تھے۔ ان کی سواری کیا ہوتی تھی ہاتھی، گھوڑے، لاؤ لشکر کا جمِ غفیر، حد تو یہ تھی کہ اُن کا ادنیٰ ملازم جسے "قاضی کا پیادہ" کہا جاتا تھا وہ بھی وقت بے وقت شہر میں گھومتا پھرتا تھا اور اپنے وسیع اختیارات کا ڈھنڈورا پیٹتے ہوئے عوام کو خوف و ہراس میں مبتلا کرتا تھا۔ زمانے کی گردش کے ساتھ ساتھ نہ صرف اُن کے ہاتھ سے اقتدار جاتا رہا بلکہ رفتہ رفتہ اُن کی سرگرمیاں صرف "روایتی شادیوں" تک محدود ہو کر رہ گئیں۔ شان و شوکت اور سواری تو دور کی بات، بیچارے قاضی خود "پیادہ پا" پھرتے ہیں اور اکثر صورتوں میں آبلہ پا ہو کر شادی خانہ تک پہنچ پاتے ہیں۔ اُن کا شکوہ ہے کہ آج کل بیشتر فریقین باغیانہ روش اختیار کرتے ہوئے چھپتے چھپاتے "محبت کی شادی" کو رجسٹرار کے دفتر میں ریکارڈ کرواتے ہیں۔ چنانچہ قاضیوں کی نظر میں ایسی شادیوں کی شرعی حیثیت "مشکوک" ہوتی ہے۔ حالانکہ

قانونی طور پر اس قسم کی شادیاں جائز قرار پاتی ہیں۔

ہم قاضیوں کی ہمہ گیر شخصیت سے متاثر ہوئے بغیر نہیں رہ سکے۔ ہم نے اکثر دیکھا ہے کہ محفل میں ایک سے بڑھ کر ایک قد آور شخصیت موجود ہوتی ہے لیکن کیا مجال کہ شادی کی کارروائی اس وقت تک شروع ہو جب تک کہ قاضی صاحب بہ نفسِ نفیس تشریف نہ لے آئیں۔ اس دوران حاضرینِ محفل بے چین ہو کر بار بار پہلو بدلتے لگتے ہیں اور سینکڑوں آنکھیں دروازہ پر ٹکٹکی باندھے ایک پُراسرار شخصیت کا انتظار کرتی ہیں۔ اللہ اللہ کر کے انتظار کی گھڑیاں ختم ہوتی ہیں اور یک بیک محفل میں کھلبلی مچتی ہے۔ سرگوشیوں سے پتہ چلتا ہے کہ قاضی صاحب بالآخر تشریف لا چکے ہیں۔ قاضی صاحب کیا آتے ہیں ایک ہلکا پھلکا زلزلہ آتا ہے، تین ساڑھے تین فٹ کی گمبھیر شخصیت، چہرہ مختصر سی داڑھی سے آراستہ، پیشانی شکن آلودہ، سر سے پیر تک پسینہ میں شرابور، ساتھ میں دو ضخیم رجسٹر بغل میں دبائے ہوئے، اس بات کا اندازہ لگانا زیادہ مشکل نہیں ہوتا کہ بیچارے قاضی صاحب کے ناتواں کندھوں پر بے شمار شادیوں کا بوجھ آن پڑا ہے۔ کبھی کبھار جب شہر میں شادیوں کا موسم عروج پر ہوتا ہے تو قاضی صاحب مسلسل شادیوں میں شرکت کرتے کرتے اس قدر بیزار ہو جاتے ہیں کہ ردِ عمل کے طور پر اپنے برتاؤ سے اکتاہٹ کا مظاہرہ کرتے ہیں اور متعلقہ افراد کو ڈانٹ ڈپٹ کر کے اپنا بوجھ ہلکا کرتے ہیں۔ جہاں بھی ممکن ہو فریقین کو اجتماعی شادیوں کا مشورہ بھی دینے سے پس و پیش نہیں کرتے۔ اس نازک صورتِ حال کے باوجود فریقین قاضی صاحب کی جھلاہٹوں کو بھی خندہ پیشانی سے قبول کرتے ہیں کیوں کہ وہ جانتے ہیں کہ اس مخصوص موقع پر قاضی صاحب کو دونوں جہان کے اختیارات حاصل ہیں چنانچہ ان سے کسی بھی قسم کی بحث و تکرار کی جائے تو اس کے نتیجے میں شادی کی

محفل درہم برہم ہو سکتی ہے۔ آپ نے دیکھا ہوگا کہ بعض جگہ نکاح کی رسومات صبح پانچ بجے ادا کی جاتی ہیں۔ یا کہیں دوپہر کے ٹھیک بارہ بجے جبکہ سخت دھوپ میں چیل انڈا چھوڑ رہی ہوتی ہے کسی کا عقد انجام پاتا ہے۔ ہم نے متعلقہ افراد سے اس قدر بے تکے وقت کے تعین کے بارے میں استفسار کیا تو معلوم ہوا کہ قاضی صاحب کا ایک ایک منٹ، ایک ایک گھنٹہ مسلسل مصروف ہے اس لیے کوئی اور صورت نہیں ہو سکتی تھی :

بزمِ احباب میں اے داغ کبھی تو ہنس بول
دیکھتے ہیں تجھے ہر وقت پریشان بہت !

پہلی بار جب ہم نے قاضی صاحب کو قریب سے دیکھا تھا تو ہم ان کی خشک مزاجی کو سمجھنے سے قاصر تھے لیکن کئی دوستوں اور عزیزوں کی شادی میں شرکت کے بعد ہمیں معلوم ہوا کہ قاضی صاحب کی سخت مزاجی دراصل ان کی کاروباری حکمتِ عملی کا حصہ ہوتی ہے۔ درحقیقت وہ عوام کو یہ احساس دلانا چاہتے ہیں کہ محفلِ عقد میں سب سے برگزیدہ اور قابلِ احترام شخصیت وہی ہیں اور یہ کہ انھیں غیر محدود اختیارات حاصل ہیں چنانچہ وہ اس موقف کا استحصال کرتے ہوئے محض اپنی شخصیت کو ابھارنے کی خاطر غیر ضروری خشک مزاجی کا مظاہرہ کرتے ہیں قاضی صاحب کی یہی خشک مزاجی کا سلسلہ اس وقت چلتا رہے گا جب تک کہ منہ مانگی رقم انھیں بطور نذرانہ پیش کی جائے۔

قاضی صاحب کی خوشنودی حاصل کرنے کی خاطر اہلِ غرض کو بے شمار مطالبات کی تکمیل کرنی پڑتی ہے۔ عام طور پر وہ مقررہ فیس کے علاوہ آمد و رفت کا کرایہ طلب کریں گے۔ (حالاں کہ اکثر صورتوں میں وہ پیادہ پا محفل میں پہنچتے

ہیں) اس کے علاوہ دیگر اقسام کے "سرچارج" جس میں موسمی حالات قابلِ ذکر ہیں۔ مطلع ابر آلود ہو، بوندا باندی ہو، طوفانی بارش ہو، شدت کی گرمی ہو یا کڑاکے کی سردی، قاضی صاحب ان تمام حالات کو بنیاد بنا کر رقمی مطالبات پیش کریں گے۔ دیگر مصارف میں قاضی صاحب کی شیروانی کی سلائی سے لے کر دھلائی تک شامل ہیں۔

دور دراز مقامات تک سامان کی باربرداری انجام دینے والے ٹرک ڈرائیور ایک گبرو جوان کو کلینر کی حیثیت سے دورانِ سفر اپنے ساتھ رکھتے ہیں۔ اکثر قاضی بھی ایک زیرِ تربیت نوجوان کو جو اُن کا قریبی عزیز ہوتا ہے اور حلیہ ولباس کی تراش خراش سے قاضی صاحب کا پرتو نظر آتا ہے عقد کی محفلوں میں لے جاتے ہیں۔ یہ کندۂ ناتراش صرف قاضی صاحب کے ہمراہ آنے جانے کے علاوہ اور کچھ کرتا نظر نہیں آتا البتہ وہ ہر محفل میں مالِ غنیمت سمیٹتا اور ناگہانی حالات میں قاضی صاحب کے دفاع کے فرائض انجام دیتا ہے۔

عقد کی کارروائی شروع کرنے سے پہلے قاضی صاحب بے شمار کاغذات کے جھرمٹ میں اُلجھے ہوئے نظر آتے ہیں اور بعد سنجیدہ ہو کر ادھر سے اُدھر ورق گردانی کرتے ہیں پھر فریقین کے رشتہ داروں اور گواہوں کو طلب کر کے اُن سے ضروری تفصیلات حاصل کر کے متعلقہ دستاویزات تیار کیے جاتے ہیں اس دوران نوشہ میٹی کا مادھو بنے ہر بات کا جواب "ہاں" میں دیتا رہتا ہے۔ کیونکہ اسے ڈر ہوتا ہے کہ اگر اس نے کسی بھی سوال کا جواب "نفی" میں دیا تو اس سے شادی کی کارروائی میں خلل پڑ سکتا ہے۔ ہر نوجوان (یا سنِ رسیدہ) کی

زندگی میں کم از کم ایک بار ایسی گھڑی آتی ہے جب وہ اپنی تمام تر شاطرانہ حکمت عملیوں اور ہٹ دھرمیوں کو بالائے طاق رکھ کر قاضی صاحب کے آگے شیر خوار بچے کی طرح سرِ تسلیم خم کرتا ہے۔ قاضی صاحب "مہر" کی رقم کے بارے میں استفسار کرتے ہیں۔ دوہن والوں کی طرف سے کوشش کی جاتی ہے کہ زیادہ سے زیادہ رقم تجویز کریں۔ چنانچہ بعض اہلکارانہ خدمات سے وابستہ افراد کے سلسلے میں بھی ایک ایک لاکھ روپیوں کی خطیر رقم تجویز کی جاتی ہے۔ نوشہ جس کی ماہانہ آمدنی چار سو اور پانچ سو کے درمیان ہوتی ہے، عقد کے موقع پر اپنے آپ کو شہنشاہ جہانگیر سمجھتے ہوئے اتنی بڑی رقم کے مطالبے کو خندہ پیشانی سے قبول کر لیتا ہے درحقیقت اسے اس بات کی عجلت ہوتی ہے کہ کسی نہ کسی طرح شادی کی کارروائیاں جلد سے جلد تکمیل کو پہنچیں۔ کچھ دیر بعد دلہن کے سرپرست اور گواہ قاضی صاحب کو رسمی طور پر یاد کراتے ہیں کہ دلہن کے لیے شرائطِ نکاح قابلِ قبول ہیں۔ اس دوران محفل میں موجود افراد عقیدت اور احترام کے ساتھ قاضی صاحب کی کارروائیوں پر مسلسل نظر رکھتے ہیں۔ قاضی صاحب پورے اعتماد کے ساتھ اپنے فرائض انجام دیتے ہوئے ضروری رسومات کی تکمیل کے بعد خطبہ نکاح پڑھتے ہیں۔ اکثر دیکھا گیا ہے کہ اس موقع سے فائدہ اٹھاتے ہوئے بعض قاضی باقاعدگی سے تقاریر کرنے لگتے ہیں۔ کچھ قاضی اچھے خطیب اور شعلہ بیان مقرر ہوتے ہیں اور بعض ایسے بھی ہوتے ہیں جن کی آواز غیر موزوں اور لب و لہجہ اشتعال انگیز ہوتا ہے۔ لیکن ہر قاضی کی کوشش ہوتی ہے کہ اس موقع پر زیادہ سے زیادہ سرمایۂ خطابت صرف کرے!

داغ تم اور پڑھو شعر ابھی چپ نہ ہو
کہ یہاں مجمع اربابِ کمال اچھا ہے

آخر لوگ اکتا کر آوازے کسنے لگتے ہیں یا زور زور سے جماہیاں لیتے ہیں بچے یا تو رضا کارانہ طور پر چیخ پکار کرتے ہیں یا اپنے بزرگوں کی حکم کی تعمیل میں سعادت مندی کا ثبوت دیتے ہوئے رونے لگتے ہیں۔ بالآخر قاضی صاحب کی تقریر ختم ہوتی ہے۔ قاضی صاحب اچانک کھڑے ہوتے ہیں اور اپنے دستِ مبارک سے مصری، بادام اور کھجور وغیرہ لٹاتے ہیں۔ یہ منظر قابلِ دید ہوتا ہے۔ جس طرح مجنوں کو بر سرِ عام سنگسار کیا جاتا تھا، ہر محفلِ عقد میں نوشہ کو مصری، بادام اور خشک کھجوروں سے مار مار کر مجروح کیا جاتا ہے۔ کیا مہذب، کیا جاہل، ہر قسم کے لوگ ان میوؤں پر اس طرح ٹوٹ پڑتے ہیں جیسے اگر وہ اس مالِ غنیمت سے محروم رہیں تو اُن پر جنت کے دروازے بند ہو جائیں گے پھر مبارکبادیوں کا سلسلہ شروع ہوتا ہے اور آن کی آن میں محفل سے قاضی صاحب غائب ہو جاتے ہیں۔

بعض قاضی نہ صرف اہلِ غرض کی کمزوریوں کا ناجائز استحصال کرتے ہیں بلکہ خوبیوں کا بھی پورا پورا فائدہ اُٹھاتے ہیں۔ عموماً شادی کی کارروائی انجام دیتے وقت کوئی نہ کوئی "فنی" یا "شرعی" اعتراض پیش کریں گے۔ پھر دولہا دلہن کی عمر سے لے کر تعلیمی قابلیت، سماجی اور معاشی حیثیت اور دیگر اُمور پر غیر ضروری بحث مباحثہ کریں گے۔ یہ بھی مشہور ہے کہ بعض قاضی غرض مندوں کی بیشہ ورانہ زندگی کا بُری طرح استحصال کرتے ہیں۔ انھیں مجبور کیا جائے گا کہ قاضی

صاحب کی خوشنودی کے لیے اپنے اپنے پیشہ یا فن کا نمونہ پیش کریں۔ اگر اہلِ غرض شاعر یا ادیب ہو تو اس پر لازم ہوگا کہ اپنا کلام پیش کرے۔ اسی طرح موسیقار کو تازہ دھنیں پیش کرنے، دھوبی کو کپڑے دھونے، اور درزی کو کپڑوں کی سلوائی کے لیے حکم دیا جائے گا۔ غرض ہر ایک کو اپنی اپنی سماجی و معاشی حیثیت کے مطابق خدمات انجام دینا ہوں گی۔

پچھلے دنوں جب ایک فلمی اداکار نے اپنی خزاں رسیدہ عمر کو نظر انداز کرتے ہوئے ایک شادی شدہ خاتون سے خفیہ طور پر شادی رچائی تو بیچارے اداکار کو ناگہانی طور پر فلموں کے " ویلن " کی طرح چاروں طرف سے لعنت ملامت کا سامنا کرنا پڑا۔ دوسری طرف ایک گمنام قاضی صاحب کو جنھوں نے نکاح کی رسومات انجام دی تھیں، " ہیرو " بنا دیا گیا۔ اداکار کی شادی کا اسکینڈل کیا بنا راتوں رات قاضی صاحب کی شہرت سات آسمانوں تک پہنچ گئی۔ وہ کبھی اپنی مرضی سے اور کبھی اخبار نویسوں کے اصرار پر شادی کے بارے میں سیاست دانوں کی طرح نزاعی قسم کے بیانات جاری کرتے رہے۔ اس طرح انھوں نے نہ صرف اداکار کو " بلیک میل " کیا بلکہ اپنے لیے شہرت بھی بٹورتے رہے۔ دانستہ طور پر نہ صرف ایک زیرِ پردہ شادی کی بے پردگی کی، بلکہ ڈھیٹ پن سے اپنے آپ کو فلمی اداکار کا قاضی بھی قرار دیتے ہیں۔ بیچارے اداکار صاحب رسوائی سے دل برداشتہ ہو کر فلموں کی شوٹنگ کے بعد بھی اپنے چہرے پر سیاہی لگائے پھرتے ہیں تاکہ اس طرح اپنے آپ کو لوگوں کے طعن و تشنیع سے محفوظ رکھیں۔

کمالِ عشق کو فرہاد و قیس کب پہنچے وہ پختہ کار ہے دل جس کا بار بار آیا

قدیم زمانے سے روایت چلی آرہی ہے کہ شادی کے موقع پر شگون کے طور پر قاضی صاحب کو کچھ چاول، بادام، کھجور اور نقدی پیش کی جاتی ہے جسے "نیگ" کہا جاتا ہے یہ پیشکش متعلقہ افراد کی صوابدید پر منحصر ہوتی ہے لیکن بعض حریص قسم کے قاضی اس فرسودہ رواج کو قانونی بنیاد بناتے ہوئے اپنے مطالبات کی تکمیل کے لیے جابرانہ رویہ اختیار کرتے ہیں جیسے قرض یا لگان وصول کر رہے ہوں اس طرح شادی کے موقعوں پر "بدشگونی" کرتے ہیں۔ ایک قاضی صاحب کو چاول پیش کیے گئے انھوں نے پہلے تو بے صبری کا مظاہرہ کرتے ہوئے دزدیدہ نگاہوں سے چاول کی تھالی پر نظر ڈالی پھر شدید برہمی کا اظہار کرتے ہوئے تھالی سمیت سارے چاول متعلقہ افراد کے منہ پر پھینک مارے۔ انھیں اعتراض تھا کہ وہ "موٹے چاول" کے عادی نہیں ہیں بلکہ اعلیٰ قسم کے چاول استعمال کرتے ہیں۔ انھیں لاکھ سمجھانے کی کوشش کی گئی کہ آج کل چاول سرکاری راشن کارڈ پر حاصل کیے جاتے ہیں۔ ان حالات میں قاضی صاحب کو مخصوص قسم کے چاول پیش کرنے کے لیے کوئی "کوٹہ" نہیں ہوتا لیکن قاضی صاحب ان تمام دلائل سے بے نیاز ہو کر ہٹ دھرمی کرتے رہے۔ صورت حال بگڑتی دیکھ کر ایک بارسوخ شخص نے بیچ بچاؤ کیا اور کسی نہ کسی طرح امرتسری چاول فراہم کرکے قاضی صاحب کی خدمت میں پیش کیے تب کہیں جاکر قاضی صاحب عقد کی کارروائی شروع کرنے پر آمادہ ہوئے۔

پچھلے کئی دنوں سے اس مضمون کی تیاری میں ہمہ تن مصروف ہو کر ہم مختلف واقعات کی کڑیاں جوڑتے رہے ہیں اس دوران شہر میں وقوع پذیر ہونے والے ایک عجیب حادثے نے ہمیں حیرت و استعجاب سے دوچار کر دیا ہے۔

ہوا یوں کہ ایک شادی کے سلسلے میں رواج کے مطابق متعلقہ قاضی صاحب (زید) کو شرکت کے لیے مدعو کیا گیا تھا۔ چنانچہ زید صاحب وقتِ مقررہ پر شادی خانے پہنچے اس سے پہلے کہ وہ عقد کی کارروائی شروع کرتے اچانک ایک حریف قاضی صاحب (بکر) مقامِ واردات پر پہنچے اور ڈرامائی انداز میں اس علاقہ پر اپنے حقوق اور اختیارات جتاتے ہوئے زید صاحب کو حکم دیا کہ فوراً عقد کی کارروائی سے دست بردار ہو جائیں۔ اُن کا دعویٰ تھا کہ علاقہ کے حقیقی "قاضی" وہی ہیں اور جغرافیائی اور قانونی اعتبار سے صرف انھیں اس بات کا حق پہنچتا تھا کہ عقد کی کارروائی خود انجام دیں۔ زید صاحب اور دیگر حاضرینِ محفل اس اچانک اعلانِ جنگ سے حواس باختہ ہو کر ایک دوسرے کا مُنہ تکنے لگے۔ کچھ توقف کے بعد زید صاحب نے اپنے آپ کو سنبھالا اور بکر صاحب سے مخاطب ہو کر انھیں تنبیہ کی کہ فوراً وہاں سے دفع ہو جائیں بصورتِ دیگر انھیں سنگین عواقب و نتائج بھگتنے پڑیں گے:

حضرتِ داغ جہاں بیٹھ گئے بیٹھ گئے
اور ہوں گے تری محفل سے اُبھرنے والے

بکر صاحب کب ٹلنے والے تھے انھوں نے آؤ دیکھا نہ تاؤ۔ یکایک زید صاحب پر پل پڑے۔ دیکھتے ہی دیکھتے دو جلیل القدر ہستیاں ایک دوسرے سے برسرِ پیکار ہو گئیں۔ کچھ دیر تک رسمی طور پر زور آزمائی کے بعد دونوں حریفین کے درمیان گھمسان کی لڑائی شروع ہو گئی۔ دونوں قاضی آزادانہ طور پر ایک دوسرے کی طرف کثیر مقدار میں مصری، بادام اور چھوہارے اچھال اچھال کر پھینکنے

لگے۔ ایک طرف میوے سخت اور جان لیوا تھے تو دوسری طرف فریقین غصے سے شدید مغلوب۔ کچھ دیر میں نہ صرف دونوں شدید مجروح ہو گئے بلکہ حاضرینِ محفل میں سے بھی کچھ کو چوٹیں پہنچیں۔ حاضرین دم بخود ہو کر یہ تماشہ دیکھتے رہے۔ بے چارے نوشہ کی حالت قابلِ رحم تھی۔ وہ دو دھاری تلوار کی زد میں تھا اور خواہ مخواہ قربانی کا بکرا بنایا جا رہا تھا۔ جب ہر کس و ناکس کے صبر کا پیمانہ لبریز ہو گیا تو کیا دیکھتے ہیں کہ نوشہ نے جواب تک خون کے گھونٹ پی پی کر اس تلخ صورت حال کو برداشت کر رہا تھا اچانک مسلح مداخلت کے لیے خود میدان میں کود پڑا۔ ہر دو قاضی جسمانی ساخت کے لحاظ سے بے حد کمزور اور لاغر تھے۔ اس کے برخلاف نوشہ کھاتے پیتے گھرانے کا ڈیل جوان تھا۔ کہاں راجہ بھوج اور کہاں گنگو تیلی۔ اس نے بجلی کی سی سرعت دکھائی اور آن کی آن میں اپنے ایک ایک ہاتھ میں ایک ایک قاضی کو اٹھا لیا اور خلا میں کئی کئی فٹ کی بلندی تک اچھالنے لگا۔ دونوں قاضی غصے سے مغلوب تھے ہی اب جو ہوا میں پیہم قلابازیاں کھانی پڑیں تو پریشان ہو کر "آکسیجن آکسیجن" کہہ کر چلانے لگے اور حاضرین کو عاقبت کا واسطہ دے کر مداخلت کے لیے درخواست کرنے لگے۔

حاضرین جو قاضیوں کی دست گریبانی پہ پہلے ہی برہم تھے اب نوشہ کی بے ہنگم حرکات پر بھی نالاں ہو گئے۔ بالآخر کچھ زندہ دل اصحاب جرأت کا مظاہرہ کرتے ہوئے اس طوفانِ بدتمیزی کو روکنے کے لیے آگے بڑھے اور افہام و تفہیم کے بعد فریقین کو ایک دوسرے سے جدا کیا۔ بکر صاحب کو مجبور کر کے اس بات پر آمادہ کیا گیا کہ وہ اپنے حقوق سے دست بردار ہو جائیں؛

نکلنا خلد سے آدم کا سنتے آئے تھے لیکن   بڑے بے آبرو ہو کر ترے کوچے سے ہم نکلے

قاضیوں کے تعلق سے بے شمار محاورے عام ہیں۔ جن میں سے چند قابلِ ذکر ہیں۔ ۔ ۔ !

"میاں بیوی راضی تو کیا کرے گا قاضی"۔

"قاضی جی کیوں دُبلے؟ شہر کے اندیشے سے"۔

"قاضی جی کے گھر کے چوہے بھی سیانے"

"چچا چور بھتیجا قاضی" وغیرہ وغیرہ ۔ ۔ ۔

قہقہوں کی طبّی اہمیت

پچھلے دنوں واشنگٹن میں "قہقہوں کی طبّی اہمیت" پر ایک دلچسپ مباحثہ ہوا جس میں کئی ممالک کے ماہرینِ نفسیات اور سائنس دانوں نے حصّہ لیا اور انہے اپنے تحقیقی مقالے پیش کیے۔ اِن مباحثہ میں اکثر مقررین نے اِس بات پر زور دیا کہ "قہقہے" اور مزاح نہ صرف انسانوں کو کئی ایک عارضوں سے محفوظ رکھتے ہیں۔ بلکہ اکثر صورتوں میں

طویل عمری کے ضامن بھی ہوتے ہیں
ان ماہرین کا دعویٰ ہے کہ ایک زوردار
قہقہہ خود ایک مکمل ورزش ہے جس
کے ردِعمل کے طور پر دورانِ خون اور دل
کی دھڑکن دونوں متوازن ہو جاتے
ہیں۔ اور جسم کے دیگر اہم اعضاء کی
کارکردگی میں بھی بہتری پیدا ہو جاتی
ہے۔ یہ مضمون اسی مباحثہ سے
متاثر ہو کر لکھا گیا ہے۔

امریکہ کے ماہرین نفسیات کی یہ سفارش کہ انسان "طبی ضرورتوں" کے پیش نظر "زوردار قہقہے" لگائے، بجید دلچسپ ہے۔ ماہرین نے جن نکات کو پیش کیا ہے اگر وہ جزوی طور پر بھی صحیح ثابت ہوں تو نہ صرف بے شمار امراض سے بچاؤ ممکن ہو سکے گا بلکہ بھانت بھانت کے ڈاکٹروں سے بھی گلو خلاصی مل سکے گی۔ مثلاً جب بھی دل کی دھڑکن غیر متوازن ہو جائے تو ڈاکٹر کو خواہ مخواہ زحمت دینے کی بجائے مریض خود قریبی چوراہے پر پہنچ کر آپ ہی آپ دیوانہ وار قہقہے لگانا شروع کر دے۔ پہلے تو راہ گیر اس عجیب و غریب تماشہ پر حیران ہوں گے پھر خود بھی رضاکارانہ طور پر اس "ورزش" میں شامل ہو جائیں گے۔ اس سے نہ صرف مریض کا علاج ممکن ہو سکے گا بلکہ دیگر افراد کی بھی ہلکی پھلکی ورزش ہو جائے گی۔ اسی طرح جب خون کا دباؤ

بڑھ جائے تو دواخانہ رجوع ہونے کی بجائے گھر کی چار دیواری ہی میں رہ کر مریض کو ٹھنڈے اور گرم قہقہوں سے وقفہ وقفہ سینک کر اس کے خون کی گردش میں اعتدال پیدا کیا جا سکے گا۔ اگر یہ انوکھا تجربہ کامیاب رہا تو کوئی عجب نہیں کہ بڑے بڑے ڈاکٹرز اور سرجنس اپنے اپنے کلینکس بند کر کے خود سڑکوں پر قہقہے لگاتے نظر آئیں گے۔ (ورنہ آج کل تو ہر مشہور معروف ڈاکٹر اپنے آپ کو "مسیحا" سمجھ کر مریضوں سے بدمزاجی کا سلوک کرتا ہے)

قہقہوں کی دولت خداداد نعمت ہے جو ہر کس و ناکس کے حصے میں آتی ہے لیکن صرف چند خوش نصیب ہی اس سے خاطر خواہ استفادہ کر پاتے ہیں۔ یہ اور بات ہے کہ ہر شخص اپنی اپنی انفرادی حیثیت کے مطابق قہقہے لگاتا ہے چنانچہ ایک اعلیٰ عہدے دار کو قہقہہ لگاتے وقت بھی اپنی سرکاری اور سماجی پوزیشن کا خیال رکھنا پڑتا ہے تاکہ ماتحتین پر اس کی برتری کا بھرم باقی رہ سکے۔ اس کے برخلاف ایک ادنیٰ درجہ کا ملازم ویسے تو بے ساختگی سے قہقہے لگانے کے لیے آزاد ہوتا ہے مگر پھر بھی اس کی اپنی زندگی کی الجھنیں اُسے اس بات کی فرصت بھی نہیں دیتیں کہ وہ دو گھڑی دل کھول کر ہنس لے۔ ایک سیاست داں اس وقت تک قہقہہ نہیں لگاتا جب تک کہ اس کا سیاسی مفاد وابستہ نہ ہو۔ اسی طرح ایک تاجر قہقہوں کو بھی نفع نقصان کے نقطۂ نظر سے دیکھتا ہے۔ ایک فن کار کے قہقہوں میں بھی سراسر تصنع اور بناوٹ کا رنگ عیاں ہوتا ہے۔ اس کے باوجود یہ بھی حقیقت ہے کہ ہر شخص کبھی نہ کبھی موڈ میں آ کر قہقہے ضرور لگاتا ہے۔

دلچسپ بات یہ ہے کہ نہ لوگ بھی جو عام حالات میں قہقہے لگانا تو دُور کی بات ہنسنے اور مسکرانے میں بھی پس و پیش کرتے ہیں۔ اکثر و بیشتر ساغر و مینا کے سُرور میں

آکر یکلخت بسیا حجگی پر اُتر آتے ہیں اور بے خودی کے عالم میں کبھی دوسروں پر پھبتیاں کستے ہیں تو کبھی اپنے آپ کا مذاق اڑانے لگتے ہیں۔

بعض لوگ صرف دوسروں کا مذاق اُڑانے کی خاطر قہقہے لگاتے ہیں۔ جن کی اکثر و بیشتر انھیں بھاری قیمت بھی چکانی پڑتی ہے۔ دانشوروں کا کہنا ہے کہ دوسروں پر چوٹ کرتے میں کبھی پہل نہیں کرنی چاہیے کیوں کہ حریفوں کی صلاحیتوں کے بارے میں غلط اندازہ قائم کرنا خود ایک حماقت ہے۔ اگر ہر دو فریق اپنے دفاع میں فقرہ بازی کرتے ہوئے قہقہے لگا رہے ہوں تو بالآخر وہی شخص کامیاب قرار دیا جائے گا جو قہقہوں کی اس مسابقت میں اپنے حریف پر بھاری رہا ہو۔ اور آخری قہقہہ بھی اُسی نے لگایا ہو!

قہقہوں کی ورزش میں قوت کا مناسب استعمال ضروری ہے ورنہ غیر متوازن قہقہے برآمد ہوں گے۔ بعض لوگ موقع و محل کا لحاظ کیے بغیر بھونڈی آوازیں بنا بنا کر قہقہے لگاتے ہیں جو دوسروں کے لیے ناگوار ہوتے ہیں ایسا معلوم ہوتا ہے جیسے کچھ لوگ آپس میں سر پھٹول کر رہے ہیں۔ کچھ اور لوگ عجیب و غریب حرکتیں کرتے ہوئے وحشیانہ آوازیں نکالتے ہیں۔ بعض فربہ اندام اشخاص قہقہے لگاتے ہوئے "قوت" کے استعمال میں کنجوسی کا مظاہرہ کرتے ہیں جن کے نتیجے میں قہقہوں کی مٹی پلید ہو جاتی ہے اس طرح قہقہوں کا لطف ان کی بھاری بھرکم شخصیت کے نیچے ڈھیر ہو جاتا ہے اور یوں لگتا ہے جیسے وہ قہقہہ نہیں لگا رہے ہوں بلکہ ہنسی کو دفن کر رہے ہوں۔ کچھ اور لوگ قہقہے لگاتے وقت اس قدر "کفایت" سے کام لیتے ہیں کہ ان کے قہقہوں میں "ہنسی" کے بجائے "سسکیوں" کی جھلک نمایاں ہوتی ہے۔ کبھی یوں بھی ہوتا ہے کہ آپ انجانے

میں کسی نسوانی قہقہے سے لطف اندوز ہو رہے ہوں تو یکایک آپ پر انکشاف ہوتا ہے کہ اس قدر سُریلی آواز میں ہنسی کی پھلجھڑیاں چھوڑنے والی کوئی کافر ادا حسینہ نہیں بلکہ کوئی باریش شخصیت ہے۔ پھر آپ پر کیا گزرے گی، اس کا اندازہ آپ خود کر سکتے ہیں۔ ظاہر ہے کہ آپ ان بزرگوار کو اپنی آواز TUNE-UP کروانے کا مشورہ تو نہیں دے سکتے بس اپنے ہوش و حواس درست کرنے کی کوشش کر سکتے ہیں۔ اس کے برخلاف بعض خواتین کی آواز اس قدر کرخت ہوتی ہے کہ جب وہ بے ہنگم قہقہے لگاتی ہیں تو سارا آسمان سر پہ اُٹھا لیتی ہیں۔ ایسا محسوس ہوتا ہے کہ انھوں نے بیگم اختر فیض آبادی (مرحومہ) کی طرح اپنی ہنسی کو برسوں ریاض کی بھٹی میں جلایا ہے تب کہیں جا کر آواز میں پختگی آئی ہے۔ کنواری لڑکیوں کے قہقہے بس شرم و حیا کے پردے سے چھن کر کبھی کبھی تو بالکل بے جان ہو کر دم توڑ دیتے ہیں اور کبھی ہلکی پھلکی مسکراہٹوں کی شکل میں باہر نکلتے ہیں۔

غرض یہ کہ ہر شخص کے قہقہے لگانے کا انداز منفرد ہوتا ہے۔ بعض لوگ یکمشت قہقہے بکھیرتے ہیں اور بعض قسطوں میں۔ یکمشت قہقہے بڑی محفلوں کو زعفران زار کرتے ہیں لیکن انفرادی ملاقاتوں میں ان کے بیجا استعمال سے نقصِ امن کا خطرہ لاحق ہوتا ہے۔ اسی طرح قسط واری قہقہے بھی صرف خاص خاص موقعوں پر ہی برداشت کیے جا سکتے ہیں ورنہ دوسروں کا دم گھٹنے لگتا ہے۔ ایسا معلوم ہوتا ہے جیسے پیٹرول میں کچرا آجانے سے کار جھٹکے کھا رہی ہو۔

اگر آپ نے کسی کو قہقہہ لگاتے ہوئے نہیں دیکھا ہے تو اس کا افسوس بالکل نہ کریں کیوں کہ آپ کی یہ محرومی درحقیقت آپ کی خوش نصیبی ہے۔ بعض لوگوں کو قہقہہ لگاتے وقت دُوبدو دیکھنا خود بھی سوہانِ روح سے کم نہیں۔ یہ حقیقت ہے کہ قہقہہ

لگاتے وقت ہر شخص خواہ وہ اپنے آپ پر کتنی ہی سنجیدگی کیوں نہ طاری کرے، ایک نہ ایک مرحلہ پر بے ساختہ ہو جاتا ہے اور نہ صرف اپنے آپ سے لاتعلق ہو جاتا ہے بلکہ آس پاس کے لوگوں کو بھی کبھی جھنجھوڑ کر اور کبھی دھکے دے کر اپنے ساتھ ہنسنے پر مجبور کرنے لگتا ہے وہ جوش میں یہ بھی نہیں سوچتا کہ اگر کوئی لطیفہ یا کوئی مزاح اسے پسند آیا ہو تو کیا ضروری ہے کہ دوسرا شخص بھی اس سے اسی قدر متاثر ہوا ہو؟ بہرحال یہ تماشہ ویسے تو دلچسپ ہوتا ہے لیکن بعض بعض موقعوں پر عجیب و غریب بھی لگتا ہے۔ ہاں ایک اور اہم بات یہ ہوتی ہے کہ اس معاملے میں ہنسنے والے کی اپنی شخصیت پر بھی صورت حال کا دارومدار ہوتا ہے۔ اگر وہ خوش شکل ہو تو دوسرے اس کی بے ہنگم ہنسی اور قہقہوں کو خوش آمدید کہیں گے اور اگر معاملہ اس کے برخلاف ہو تو پھر ردِ عمل بھی ناگوار ہو گا۔ آپ ریڈیو پر تو کسی کو بھی قہقہے لگاتا ہوا سُن سکتے ہیں (کیوں کہ آپ اسے دیکھ نہیں پاتے) لیکن اگر ٹیلی ویژن پر قہقہہ لگانے والا مناسب ناک نقشہ نہ رکھتا ہو تو پھر قہقہے مشکل سے ہضم کیے جا سکیں گے۔ یہ بات بھی واقعی دلچسپ ہے کہ اکثر سینما ہال اور تھیٹرز میں سامعین ماحول سے بے خبر جب فلک شگاف قہقہوں میں ڈوب جاتے ہیں تو تاریکی کے باعث کوئی بھی کسی کو نہیں دیکھ پاتا اور سبھی اطمینان سے قہقہوں کا لطف اُٹھاتے ہیں ورنہ بعض لوگ بے ساختگی کے عالم میں کبھی منہ پھاڑ کر، کبھی سر پیٹ کر، کبھی جھٹکے کھا کر عجیب و غریب حرکتیں کرتے ہیں جس سے خود ان کی اپنی شخصیت مضحکہ خیز بن جاتی ہے۔

"مِس" اور "مادام"

امریکی عوام کی زندہ دلی کا جواب نہیں۔ آئے دن کوئی نہ کوئی فتنہ کھڑا کرتے ہیں۔ جب سے خواتین نے مردوں کے "برابر" حقوق کا مطالبہ کیا ہے بے شمار تحریکیں وجود میں آئی ہیں جو عوام میں مقبول بھی ہیں اور دن بہ دن سیاسی طاقت بھی حاصل کر رہی ہیں۔ انتہا پسند خواتین کی تنظیم نے آج کل ایک دلچسپ بحث چھیڑی ہے۔ اس تنظیم کو شکایت ہے کہ "مردوں" نے ہر معاملے میں خواتین کے ساتھ امتیازی سلوک روا رکھا ہے جس کی وجہ سے اُن کی انفرادیت بُری طرح متاثر ہوئی۔ انھوں نے یہ نکتہ پیش کیا ہے کہ انگریزی ادب نے "مردوں" کو مخاطب کرنے کے لیے "MISTAR" کا استعمال کیا جسے مختصراً "MR" لکھا جاتا ہے اس کا مقصد مذکورہ شخص کی عزت و احترام کرنا ہوتا ہے خواہ وہ جوان ہو یا بوڑھا، شادی شدہ یا مجرّد —— اس کے برخلاف

خواتین کے معاملے میں انگریزی ادب نے بھی جانبداری برتی ہے۔ خواتین کو مخاطب کرتے وقت ان کی عمر، سماجی حیثیت اور دیگر امور کا خیال کیا جاتا ہے۔ کنواری لڑکیوں کو "MISS" کہہ کر مخاطب کیا جاتا ہے اور شادی شدہ خواتین کو "MRS" کہا جاتا ہے۔ امریکی خواتین کا خیال ہے کہ "شادی" کسی بھی انسان کا "ذاتی" معاملہ ہے سماج کو اس سے کوئی مطلب نہیں۔ پھر وہ شادی کریں نہ کریں اُن کی انفرادیت میں نشیب و فراز کیسے پیدا ہو سکتے ہیں؟ ان کا مطالبہ ہے کہ انھیں "MISS" یا "MRS" کے اشتہاری لیبل سے کوئی دلچسپی نہیں بلکہ وہ چاہتی ہیں کہ انھیں صرف "MS" (مز) کہا جائے قطع نظر اس کے کہ وہ کنواری ہوں، شادی شدہ، مطلقہ یا بیوہ۔ اس مبہم اصطلاح کو فروغ دے کر امریکی خواتین ان کے ساتھ کیے جانے والے "امتیازی" سلوک کا خاتمہ کرنا چاہتی ہیں:

شوق ہے اُس کو خود نمائی کا
اب خدا حافظ اس خدائی کا

امریکی خواتین کے نقطہ نظر سے ہمیں پوری ہمدردی ہے۔ ہم بھی یہی سمجھتے ہیں کہ اس معاملے میں انگریزی زبان کی تنگ نظری اور تعصب نہیں تو کم از کم "شرارت" کارفرما ہے۔ یہ کہاں کا انصاف ہے کہ مردوں کے ساتھ ہر کوئی فراخدلی سے پیش آتا ہے اور انھیں ہر قسم کے اعزازات سے نوازتا ہے غیر مشروط سہولتیں فراہم کرتا ہے اس کے برخلاف خواتین کے ساتھ "موسمیاتی کیلنڈر" جیسا سلوک کیا جاتا ہے برسات میں کچھ، بہار میں کچھ اور خزاں میں کچھ، غرض ہر اعزاز مشروط طریقے پر پیش کیا جاتا ہے اور جب بھی حالات میں تبدیلی ہو یہ اعزاز

بھی واپس چھین لیا جاتا ہے انھیں بار بار اپنے ذاتی حالات کا حساب کتاب دینا پڑتا ہے۔ کنواری ہوں تو اُن کی شناخت " MISS " کہہ کر ہوتی ہے چنانچہ بنک کی " پاس بُک " سے لے کر ڈرائیونگ لائسنس اور پاسپورٹ تک ہر اہم دستاویز پر ان کی شناخت " MISS " کے دُم چھلّے کے ساتھ کی جاتی ہے۔ جوں ہی انھوں نے شادی کا طوق اپنے گلے میں ڈالا انھیں بھاگ کر لمبی چوڑی دفتری کارروائیاں کر کے تمام دستاویزات میں " تبدیلی " کروانی پڑتی ہے کہ وہ " MISS " سے " MRS " بن چکی ہیں۔ پہلے پہل تو یہ تبدیلی خوش گوار معلوم ہوتی ہے لیکن امریکی خواتین کوئی " معمولی " خواتین تو ہیں نہیں کہ ایکبار شادی کی اور گھر گرہستی کی ہو رہیں اُن کی روشن خیالی اور اقتصادی جلد ہی انھیں ازدواجی زندگی کے جھنجھٹوں سے بیزار کر دیتی ہے اور وہ قانون کی مدد سے اس بندھن سے چھٹکارہ حاصل کرنے کے جتن کرنے لگتی ہیں جب فریقین میں طلاق کے حصول کے لیے حوصلہ پیدا ہو جاتا ہے تو بدگمانیوں کا راستہ کھُل جاتا ہے دونوں فریق بہانہ جوئی سے لے کر بہتان لگانے تک ہر قسم کے حربے استعمال کرتے ہیں۔ شوہر خرّاٹے بھرتا ہو، بلّی سے التفات برتتا ہو، کتّے سے بدظن ہو، بلانوش ہو یا شراب سے نفرت کرتا ہو، بے حد محنتی اور جفا کش ہو، ضرورت سے زیادہ نکما ہو، کنجوس ہو، فضول خرچ ہو غرض کسی بھی بات کو بنیاد بنا کر طلاق حاصل کی جاتی ہے۔ بعض خواتین شوہر کو اس وقت تک برداشت کرتی ہیں جب تک وہ اُن کا مطیع اور فرماں بردار ہوتا ہے جیسے ہی شوہر نے عدول حکمی کی آپسی تعلقات میں شگاف پڑتا ہے غلط فہمیاں بڑھتی ہیں تو پھر نوبت طلاق تک پہنچتی ہے جس رفتار سے ان خواتین کی زندگی میں مدّ و جزر آتے جاتے ہیں

اُس کے نتیجے میں اُن کا نام اور اعزاز بھی متاثر ہوتا رہتا ہے۔ امریکی خواتین کی تگ و دو بے سبب نہیں۔ دراصل وہ "کمپیوٹر" کی عفریت سے خوف زدہ ہیں جو رفتہ رفتہ زندگی کے ہر شعبے پر مسلّط ہو رہا ہے اکثر سرکاری اور غیر سرکاری دفاتر، بنکس اور دیگر اداروں میں تمام امور کمپیوٹر کی مدد سے انجام دیئے جاتے ہیں۔ کمپیوٹر بھی کچھ کم فتنہ خیز نہیں، بال کی کھال نکالتا ہے۔ تلوّن مزاج خواتین یہ نہیں چاہتیں کہ کمپیوٹر ان کی سلسلہ وار شادیوں اور طلاق کو اپنی یادداشت میں محفوظ کرے اور وقت بے وقت لوگوں پر اس کو آشکار کر کے اُن کی رُسوائی کا سامان کرے۔ یہی وجہ ہے کہ وہ اپنے نام کے ساتھ غیر مشروط طور پر "MS" چسپاں کر کے کمپیوٹر کو بھی اپنے حالاتِ زندگی کے بارے میں لاعلم رکھنا چاہتی ہیں۔

یادِ ماضی عذاب ہے یارب
چھین لے مجھ سے حافظہ میرا

امریکہ اور دیگر ترقی یافتہ ممالک کی خواتین جس تیزی سے ترقی کے مدارج طے کر رہی ہیں کئی سال پہلے اُس کا تصور بھی نہیں کیا جا سکتا تھا۔ آج انگریزی ادب پر تنگ نظری اور تعصب کا جو الزام لگایا جا رہا ہے اُسے دریں صورت انگریزی ادب میں دُور اندیشی کا فقدان کہنا زیادہ مناسب ہو گا جب خواتین اپنا طور طریق بدل چکی ہیں تو انگریزی ادب پر بھی لازم ہے کہ اپنی محدود اور فرسودہ اصطلاحات پر نظرِ ثانی کرے اور لچکدار رویّہ اختیار کرتے ہوئے انھیں وسعت دے۔ اگر انگریزی ادب خواتین کے دوش بدوش نہیں چل پائے گا تو وہ وقت دُور نہیں جب خواتین اسے الانگ پھلانگ کر بہت دُور تک تن تنہا نکل جائیں گی:

اے فلک کیا ہے زمانے کی بساط
دم بدم کے انقلاب اچھے نہیں

مردوں کو اپنی صحت و تندرستی پر پورا پورا اختیار ہوتا ہے وہ جب تک چاہیں اپنے آپ کو جوان بنائے رکھ سکتے ہیں لیکن خواتین قدرتی طور پر اس حق سے محروم ہیں جب تک وہ چہرے کے نقوش سے تروتازہ نظر آتی ہیں لوگ انھیں جوان سمجھتے ہیں جس گھڑی اُن کے چہرے سے شادابی غائب ہوئی انھیں فوراً "بزرگ" بنادیا جاتا ہے۔ فلموں میں سب سے زیادہ دھاندلی ہوتی ہے۔ کوئی بھی اداکارہ جب تک بیس اور پچیس سال کے درمیان ہوتی ہے اُسے "BABY" کہا جاتا ہے۔ سر آنکھوں پر بٹھایا جاتا ہے اور لاکھوں روپے کی رقم داؤ پر لگا کر اسے فلموں میں "ہیروئن" بنایا جاتا ہے۔ جوں ہی اس نے تیس سال سے آگے کی طرف پیش قدمی کی پہلے تو تمام بڑے پروڈیوسر، ڈائریکٹر اُس سے کنارہ کشی اختیار کرتے ہیں۔ اگر اس میں غیر معمولی فن کارانہ صلاحیتیں ہوں اور وہ انڈسٹری میں مقبول ہو تو اسے معمولی قسم کے کیریکٹر رول پیش کیے جاتے ہیں۔ فلم کی کاسٹ میں صرف ہیروئین کی حد تک تبدیلی ہوتی ہے۔ ہیرو وہی مقبول اداکار ہوتا ہے (جو بعض صورتوں میں ۶۰ سال اور ۶۵ سال کا ہوتا ہے) لیکن ہیروئن کا المیہ یہ ہوتا ہے کہ وہ راتوں رات "BABY" بے بی سے مادام "MADAM" بنادی جاتی ہے کل تک جس "ہیرو" کی باہوں میں باہیں ڈال کر اُچھل کود کرتی تھی اب اسے سنجیدہ طریقے سے اُسی "ہیرو" کی ماں کا کردار ادا کرنا پڑتا ہے۔ یہ سچ ہے کہ فلموں کی تمام کردار نگاری "نقلی" ہوتی ہے لیکن یہ بھی حقیقت ہے کہ اس نقلی کردار نگاری کے پس منظر میں بھی "عمروں" کا الٹ پھیر

کارفرما ہوتا ہے جس کے نتیجے میں ادا کارہ کے معاوضہ میں لاکھوں کا فرق پڑتا ہے :

کیا کہیئے کس طرح سے جوانی گزر گئی
بدنام کرنے آئی تھی بدنام کر گئی!

فضائی کمپنیاں ملک کے کونے کونے میں چھان بین کرکے ایک سے بڑھکر ایک قیامت خیز حسینہ کی دریافت کرتی ہیں اور انھیں معقول مشاہرے پر فضائیہ میں ملازمت کی پیشکش کرتی ہیں۔ تیکھے ناک نقشہ والی حسیناؤں کو "سنئیر گریڈ" دے کر "ائیربس" یا "جمبوجیٹ" میں "ائیر ہوسٹس" متعین کیا جاتا ہے یا نہیں تو دوسرے قسم کے بوئینگ جہازوں میں "فرسٹ کلاس" مسافروں کی دیکھ بھال کی ذمہ داریاں سونپی جاتی ہیں۔ اور انھیں اہم شہروں کی اڑانوں پر روانہ کیا جاتا ہے معمولی شکل وصورت والی دوشیزاؤں کو "جونیر گریڈ" دیا جاتا ہے انھیں چھوٹے قسم کے جہازوں پر "کفایتی درجہ" کے مسافروں کی خدمات انجام دینی ہوتی ہیں یہی نہیں بلکہ ان کی اڑانیں بھی چھوٹے موٹے شہروں تک محدود ہوتی ہیں۔ "فرسٹ کلاس" مسافروں کی دیکھ بھال کرنے والی خاتون نہ صرف حسن وجمال میں منفرد ہوتی ہے بلکہ کچھ حد تک مغرور بھی۔ حسن جب مغرور ہوتا ہے تو خوبصورتی کو چار چاند لگ جاتے ہیں۔

ایک تو حسن بلا اس پہ بناوٹ آفت
گھر بگاڑیں گے ہزاروں کے سنورنے والے

ائیر ہوسٹس کی ڈیوٹی بھی بے حد دلچسپ ہوتی ہے۔ انھیں نہ صرف مسافروں کے کھانے پینے اور دیگر سہولتوں کا خیال رکھنا پڑتا ہے بلکہ بار بار بین الاقوامی فضائی قوانین کی روشنی میں مسافروں کی معلومات کے لیے ناگہانی حالات میں

" پیراشوٹ " کے ذریعے اُترنے کے طریقے، آکسیجن کی تھیلیوں کے استعمال اور دیگر حفاظتی اقدامات کی مشقیں کرنی پڑتی ہیں۔ حیرت تو اس وقت ہوتی ہے جب یہ عمل ہر آدھے گھنٹے بعد دُوہرایا جاتا ہے۔ ہمیں کئی بار ایک ایسی فلائیٹ سے سفر کرنے کا موقع ملا جو ایک ہزار میل کی مسافت تقریباً ۳½ گھنٹوں میں طے کرتی ہے۔ ہر آدھے گھنٹے بعد طیارہ " لینڈنگ " اور " ٹیک آف " کے مرحلہ سے گزرتا ہے۔ اُڑان کا وقت اتنا مختصر ہوتا ہے کہ مسافر کو " سیٹ بیلٹ " کھولنے کا موقع بھی نہیں ملتا کیوں کہ کچھ ہی دیر بعد جہاز " لینڈنگ " کرنے والا ہوتا ہے۔ اس دوران ایئر ہوسٹس عادت اور فرائض سے مجبور ہو کر ہر " ٹیک آف " کے بعد حفاظتی اقدامات کی مشقیں دوہراتی ہے بعض دفعہ تو وہ لگاتار اس قسم کی مشقیں کرتے کرتے اتنی بیزار ہو جاتی ہے کہ ایک مرحلے پر اس کی حرکات اور مائیکروفون سے ہونے والے اعلان میں " تال میل " ختم ہو جاتا ہے اعلان میں آکسیجن کی تھیلیوں کا ذکر ہوتا ہے اور ایئر ہوسٹس " پیراشوٹ " کے استعمال کی مشقیں کرتی ہے اور کبھی " پیراشوٹ " کے تعلق سے اعلان ہوتا ہے تو ایئر ہوسٹس غیر ارادی طور پر آکسیجن کی تھیلیوں کو اُلٹ پلٹ کرتی ہے۔ ایئر ہوسٹس کی ڈیوٹی کا سب سے کٹھن مرحلہ وہ ہوتا ہے جب اُسے مسافروں کی تواضع " شراب " سے کرنی پڑتی ہے۔ مفت کی شراب اور ساقی ایک کافر ادا حسینہ، مسافر آن کی آن میں جامے سے باہر ہونے لگتا ہے۔ کبھی خود فراموش ہوتا ہے تو کبھی مزاج میں ترنگ آجاتی ہے۔ سُرور کے عالم میں چند سکنڈوں میں ایک گلاس غٹا غٹ پی جاتا ہے اور پھر سے مکرّر مکرّر کی رٹ لگاتا ہے۔ جوں ہی حالات بے قابو ہوتے ہیں بیچاری ایئر ہوسٹس کچھ شرمسار کچھ گھبرائی سی وہاں سے کھسک جاتی ہے اور ایک تنومند " اسٹیوارڈ " کو مقامِ واردات

پر روانہ کرتی ہے تاکہ وہ شرابی مسافر کی بدمستیوں پر قابو پا سکے۔

پہلے کیوں اے داغ اتنی پی گئے فرمائیے
سر پکڑ اب جو ہے فریاد میرا سر گرا

بعض افراد اپنی زندگی کا پہلا جام طیارہ میں سفر کے دوران پیتے ہیں۔ غالباً وہ اس خوش فہمی کا شکار ہوتے ہیں کہ انھیں جام پر جام لنڈھاتے ہوئے دیکھ کر خوبصورت ایئر ہوسٹس ایکا ایک اُن پر فریفتہ ہوجائے گی اور ان کے عشق کا دم بھرنے لگے گی۔ حالاں کہ اکثر ایئر ہوسٹس اپنا دل کسی بینک کے "لاکر" میں محفوظ رکھتی ہیں اور عشق و محبت کے جذبات سے بے پروا ہو کر مشینی انداز میں مسافروں کی دیکھ بھال کرتی ہیں:

ناز کرتے ہیں وہ ہر ناز پہ یہ کہہ کہہ کر
اس کو کہتے ہیں ادا اور ادا کون سی ہے

رُت بدلتی ہے تو ساری کائنات کا نظام بدل جاتا ہے۔ جب تک ایئر ہوسٹس دلکش نظر آتی ہے ہوائی جہازوں پر اُڑا نیں بھرتی ہے۔ جوں ہی اس نے شادی کی یا تیس سال کی عمر کو پہنچی اُسے پورے اعزازات کے ساتھ "عرش" سے "فرش" پر اُتار دیا جاتا ہے۔ جسے مضاحیہ کی اصطلاح میں "گراؤنڈ کرنا" کہتے ہیں۔ ایئر ہوسٹس زمین پر کیا آتی ہے وہ سمجھتی ہے کہ "خلد" سے نکالی گئی ہو۔ خود پرستی کے نشہ میں اتنی بدمست ہوتی ہے کہ وہ بدلتے ہوئے ماحول سے سمجھوتہ کرنے میں دشواری محسوس کرتی ہے ساتھ میں احساس کمتری اُسے دق کرنے لگتا ہے ان حالات میں اس کے مزاج میں تُرشی در آتی ہے اور ہونٹوں پہ دلفریب مسکراہٹوں

کے بجائے "تلخی" دوڑنے لگتی ہے :

نہ تمنائے ستم ہاں نہ وہاں مشقِ جفا
وہ ہیں بھول گئے اب انھیں ہم بھول گئے

ماہرینِ نفسیات کا خیال ہے کہ اکثر ذہین خواتین اپنی عمر بتاتے وقت کم از کم پانچ سال کی ڈنڈی مارتی ہیں۔ اس کے برخلاف اگر کوئی بھی خاتون اپنی عمر کے تعلق سے روایت شکنی کرے اور دیانت داری سے عمر بتائے تو یہ خطرے کی گھنٹی ہوتی ہے۔ اور آنے والے طوفان کا پیش خیمہ بھی۔ ایسی خاتون کسی بھی اہم معاملے میں "رازداری" کی متحمل نہیں ہوسکتی۔ وہ کچھ بھی کہہ سکتی ہے۔ خود اپنی جان جوکھوں میں ڈال سکتی ہے اور دیگر افراد کے لیے سنگین مشکلات پیدا کرسکتی ہے۔

وقت پر کسی کی دست اندازی نہیں۔ زندگی کا کاروان دن رات، آندھی طوفان سے بے نیاز ہوکر ہر پل آگے ہی بڑھتا جاتا ہے :

غافل تجھے گھڑیال یہ دیتا ہے منادی
گردوں نے گھڑی عمر کی اک اور گھٹا دی

بعض خواتین کائنات کے اس نظام کو تسلیم نہیں کرتیں اور ہٹ دھرمی کرتے ہوئے عمروں کی اندھا دھند طریقے سے الٹ پھیر کرتی ہیں۔ غالباً انھیں ہر پل یہ اندیشہ ہوتا ہے کہ جن خواتین کا ماضی "تابناک" ہوتا ہے ان کا مستقبل کس مپرسی کا شکار ہوتا ہے۔ کچھ خواتین اتنی طاقتور ہیں کہ انھوں نے وقت کو "منجمد" کردیا ہے۔ دس سال پہلے وہ اپنی عمر پچیس ۲۵ سال بتاتی تھیں۔ ہم نے یہ تو سنا تھا کہ سونا آگ میں جل کر کندن بنتا ہے لیکن ہم نہیں جانتے کہ وہ کس آبِ حیات کی

تاثیر ہے کہ یہ خواتین کئی برس زندگی کی بھٹی میں جلنے کے بعد بھی اپنی عمر کو پچیس ۲۵ سال سے آگے پیش قدمی کرنے کی اجازت نہیں دیتیں۔ اپنے ادعا، کی تائید میں وہ اپنے بچوں کی عمریں بھی "منجمد" کر دیتی ہیں ۔ اولاد بھی سعادت مند ہے۔ ماں کی کمسنی برقرار رکھنے میں پورا پورا التعاون کرتی ہے ۔ بارہ، چودہ سال کی عمروں کو پہنچنے کے باوجود شیر خوار ہے۔ دن رات پنگوڑے میں جھولتی اور انگوٹھا چوستی ہے :

جو تھک کر بیٹھ جاتا ہوں، زمیں کہتی ہے یہ مجھ سے
ترے رُکنے سے کیا ہوتا ہے، ہم چلتے ہی رہتے ہیں

ویمنس کالج (کوٹھی) کے بندر

آج کے اس دور میں جبکہ عام طور پر ذہین سے ذہین طلبہ و طالبات کو تعلیمی درس گاہوں میں داخلوں کے لیے بے شمار دشواریوں کا سامنا کرنا پڑتا ہے۔ اس وقت بھی شہر حیدرآباد میں ایک ایسی درس گاہ ہے (ہمارا اشارہ ویمنس کالج کوٹھی کی طرف ہے) جو کئی برسوں سے نہ صرف طالبات کی ممتاز درس گاہ ہے بلکہ اس کے ساتھ ساتھ "بندروں" کے لیے بھی وقت واحد میں درس گاہ، بازی گاہ، اقامت خانہ، سیاسی و سماجی پلیٹ فارم بنی ہوئی ہے۔ کالج کے احاطہ میں واقع بے شمار درخت ان بے زبانوں کا موروثی ٹھکانہ بنے ہوئے ہیں جس کے جملہ حقوق ان کی برادری کے لیے محفوظ ہیں۔ وقت اور حالات کے ساتھ ساتھ بندروں کی سرگرمیاں وسیع سے وسیع تر ہوتی گئیں اور آج یہ حال ہے کہ جس کالج کو "لڑکوں" کے لیے "شجرِ ممنوعہ" قرار دیا گیا ہے

یہاں بندروں کے غول کے غول "مخلوط" تعلیم کا لطف اٹھا رہے ہیں۔ جس سے خود انسان محروم ہیں۔ کیا شریف، کیا آوارہ، غرض ہر قسم کے بندر دن دھاڑے کالج کے ایک شعبہ سے دوسرے شعبہ تک اُچھل کود کرتے پھرتے ہیں اور ڈھیٹ پن سے یہ شعر گنگناتے ہیں:

بازیچۂ اطفال ہے دُنیا مرے آگے
ہوتا ہے شب و روز تماشا مرے آگے

مقامی یونیورسٹی اور کالجوں کے "طلبا" جنھیں ویمنس کالج کے قریب سے گزرنے کی بھی اجازت نہیں، کالج کے احاطے سے دور کھڑے کھڑے بندروں کی اس خوش نصیبی پر رشک کرتے ہوئے اپنی بدنصیبی پر مایوسی کا اظہار کرتے ہیں۔

ان بندروں کو نہ کسی ENTRANCE EXAM. کا سامنا کرنا پڑتا ہے نہ ہی کیپیٹیشن فیس کا مسئلہ انھیں درپیش ہوتا ہے۔ چنانچہ کالج میں داخلہ ان کا پیدائشی حق تسلیم کیا جاتا ہے جو انھیں سینہ بہ سینہ ملتا رہتا ہے۔ بلکہ بلا مبالغہ کہا جاسکتا ہے کہ کالج کے احاطہ میں خود بندروں کی اپنی "متوازی حکومت" قائم ہے۔ انھیں نہ تو یونیورسٹی کے اقتدارِ اعلیٰ کا لحاظ کرنا پڑتا ہے نہ ہی کالج کے اپنے قوانین سے ان کو کوئی مطلب ہوتا ہے اس کے برخلاف خود اربابِ کالج اور طالبات کو بندروں کے "ڈسپلن" کا احترام کرنا پڑتا ہے۔

اِن بندروں کے حرکات و سکنات کا مطالعہ کرنے کے بعد خود ان کے حقیقی "بندر" ہونے پر شبہ ہوتا ہے اور ایسا محسوس ہوتا ہے کہ بعض شریر اور نٹ کھٹ قسم کے انسان بندروں کا خول پہن کر جھوٹ موٹ کا ڈھونگ رچا رہے ہوں۔ ان کی بیشتر

نصابی اور غیر نصابی سرگرمیاں آج کے طلبہ کی روزمرہ سرگرمیوں سے مشابہت رکھتی ہیں۔ چنانچہ بعض "فرہاد" قسم کے بندر طالبات کے رنگ برنگ دوپٹوں سے کھیلنا اپنا مشغلہ سمجھتے ہیں اکثر صورتوں میں دوپٹے ہاتھوں ہاتھ لے اُڑتے ہیں۔ شرم و حیا کی ماری بے چاری طالبات نہ شکوہ کر سکتی ہیں نہ شکایت اور انھیں اس طرح ماحول سے سمجھوتہ کرنا پڑتا ہے کہ جیب سادہ ہیں۔ اکثر طالبات کو جو اپنے اپنے گھروں سے چلتے وقت "پردہ نشین" ہوتی ہیں انھیں کالج پہونچنے پر ان بندروں کی بدنظمی کا شکار ہونا پڑتا ہے۔ درس گاہوں میں مجموعی طور پر پولیس کا داخلہ ناممکن ہوتا ہے اس لیے بھی بندروں کو کھلی چھوٹ ہے کہ جو چاہیں کر گزریں کیوں کہ انھیں ویسے بھی کسی تعزیری یا فوجداری مقدمے کا خوف نہیں ہوتا۔ کالج کے احاطہ میں بندروں کی اپنی اجارہ داری ہے یہ طالبات سے نت نئے مطالبات اور TAXES ادا کرنے کے لیے اصرار کرتے ہیں۔ بعض جہاں دیدہ قسم کے بندر لڑکیوں سے چھیڑ چھاڑ میں دلچسپی نہیں لیتے صرف اُن کے "توشوں" کا صفایا کرنے پر اکتفا کرتے ہیں اگر MENU ان کے مزاج کے مطابق نہ ہو تو آنکھیں دکھا کر دھمکانے سے کبھی باز نہیں آتے۔ ان میں سے بعض مفاہمت پسند اور کچھ حد تک قناعت پسند ہیں جو "داد" اور "عطیوں" کو خندہ پیشانی سے قبول کرتے اور دُم ہلا کر شکریہ ادا کرتے ہیں۔ دوسرے خوددار قسم کے بندر خدا اپنے بازوؤں کے بل بوتے پر زندگی گزارتے ہیں اور چھینا جھپٹی کے ذریعہ اپنی خوراک کا بندوبست کر لیتے ہیں۔ دوسری طرف بعض "پڑھاکو" قسم کے بندر طالبات کی کتابیں اور کاپیاں چھین کر اپنے علم کی پیاس بجھاتے ہیں۔ بعض آوارہ قسم کے بندر دن بھر جوڑ دکراٹے کی مشقوں میں

مصروف رہتے ہیں۔ دروغ برگردنِ راوی، ان میں سے بعض "بلیک بیلٹ" "BLACK BELT" بھی رکھتے ہیں۔ چند رنگیلے مزاج کے بندر JEANS پہن کر ڈسکو DISCO دھنوں پر ناچتے گاتے پھرتے ہیں۔ بعض منچلے قسم کے بندر نئی طالبات کی RAGGING کا لطف اُٹھاتے ہیں۔ ضعیف اور عمر رسیدہ بندر عملی طور پر خود تو ان سرگرمیوں سے دُور رہتے ہیں لیکن اپنی جوانی کے مبالغہ آمیز قصے سنا سنا کر نئی نسل کی سیاسی و سماجی کردار سازی کرتے ہیں۔

کہا جاتا ہے کہ انگریز ریزیڈنٹ کے زمانے سے بندر اس مقام کو اپنا ہیڈ کوارٹر بنائے ہوئے تھے۔ چنانچہ کالج کے آغاز سے آج تک طالبات اور عملے کے ارکان اپنی اپنی میعاد کی تکمیل پر آتے جاتے رہتے ہیں لیکن ہر کوئی بندروں کی اس کالج سے دیرینہ وابستگی کا احترام کرتا ہے اور انھیں یہاں سے بے دخل کرنے کا تصور بھی نہیں کرسکتا۔ اس کے برخلاف خود عملے کے ارکان اور طالبات بندروں سے غیر معمولی حد تک مرعوب اور خائف رہتے ہیں چنانچہ بندر بھی خوف و ہراس کا ماحول پیدا کر کے ہر طرح سے استحصال کرتے رہتے ہیں۔

ڈرائیور

ایک پُرانی کہاوت ہے۔ "اونٹ رے اونٹ تیری کون سی کل سیدھی۔"
غالباً اس کہاوت کا تعلق اُس دَور سے ہے جب اونٹ سواریوں اور سامان کی ایک مقام سے دوسرے مقام تک باربرداری کے لیے استعمال ہوتے تھے۔ یہ بھی ممکن ہے کہ اپنے فرائض انجام دیتے ہوئے یہ جانور جس قسم کی کوتاہی، آناکانی اور اَڑیل پن کا مظاہرہ کرتے تھے اس سے تنگ آکر یہ کہاوت گھڑی گئی ہو۔ آج کے اس ترقی یافتہ دَور میں یہی کہاوت جزوی ترمیم کے ساتھ "ڈرائیور" پر صادق آتی ہے کیوں کہ یہ اشرف المخلوقات خود بھی نہیں جانتے کہ ان کی کون سی "کل" سیدھی ہے۔ بے لگام ہو کر دن رات روایت شکنی، قانون شکنی اور دل شکنی کریں گے اور پیشانی پر "شکن" تک نہ آئے گی۔ یہ رسمی طور پر "کار ڈرائیونگ" کو بطور پیشہ اختیار کرتے ہیں لیکن سوائے "کار" کے ہر چیز چلانے کی کوشش کریں گے چاہے زبان چلانا ہو یا لاٹھی چلانا۔ آپ

کسی بھی شریف آدمی کو گاڑی کے اسٹرنگ وہیل پر بٹھا دیں تو اس کے کردار میں انقلابی تبدیلی رونما ہونے لگے گی اور وہ یکلخت اخلاق و آداب، دیانت داری، راست بازی، ایثار و قربانی کے تمام اصولوں سے انحراف کر کے سر تا پا بے ایمانی، فریب کاری اور اخلاق سوزی پر اتر آئے گا۔ گاڑی کے چار پہیے صرف انجن کی طاقت سے نہیں چلتے انھیں گھمانے کے لیے ڈرائیور کو اپنا خون پسینہ بھی ایک کرنا پڑتا ہے۔ وہ گاڑی کے پہیوں کی تسخیر کے قابل ہوتا ہے تو کوشش کرتا ہے کہ ساری دنیا کو اپنی شاطرانہ چالوں سے فتح کرے۔ خانگی کاروں سے لے کر ٹیکسی گاڑیوں تک، بار برداری کی لاریوں سے لے کر ٹرانسپورٹ کی بسوں تک، تمام ڈرائیوروں کے کردار میں ایک قسم کی تخریبی یکسانیت نظر آتی ہے۔

اب تک ہم صرف "عذرِ لنگ" سنتے آئے تھے۔ مگر ٹیکسی ڈرائیور ہر پل، ہر گھڑی اندھے، بہرے اور گونگے عذر اور بہانے تراشتا ہے۔ آپ شہر میں ایک مقام سے دوسرے مقام تک چلنے کے لیے کہیں تو جواب ملے گا کہ گاڑی صرف شہر کے باہر کی سواریوں کے لیے مخصوص ہے یا نہیں تو وہ کہے گا کہ گاڑی فلاں فلاں "اڈے" سے تعلق رکھتی ہے اور مطلوبہ مقام تک نہیں جا سکتی۔ آپ لاکھ کوشش کریں کہ اپنی ضرورت اور مجبوری کا احساس دلائیں لیکن ڈرائیورس سے مس نہیں ہوتا۔ وہ کسی پُرسکون جگہ ٹانگیں پھیلا کر خراٹے بھرے گا یا نہیں تو آپ کو نظر انداز کر کے تاش کے پتوں میں الجھ جائے گا۔ نیند ایک خداداد نعمت ہے۔ تمام محنت کش انسان دن بھر کی کڑی محنت کے بعد رات میں نیند کا لطف اٹھاتے ہیں لیکن اکثر ڈرائیور بے خوابی کا شکار ہوتے ہیں۔ ایک تو ان کی پیشہ ورانہ مصروفیات انھیں شب بیداری پر مجبور کرتی ہیں۔ دوسری طرف ان کی غیر پیشہ ورانہ سرگرمیاں اور ضمیر کے کچوکے

انھیں مسلسل نیند سے محروم رکھتے ہیں چنانچہ وہ دن بھر اونگھتے اور کسل مندی کرتے نظر آتے ہیں :

بلائے جاں ہے، غالب! اس کی ہر بات
عبارت کیا، اشارت کیا، ادا کیا؟

اگر آپ شہر کے باہر یا مضافاتی علاقوں کو چلنے کے لیے کہیں تو ڈرائیور یا تو اپنی گرتی ہوئی صحت کا عذر پیش کرے گا یا نہیں تو گاڑی کی حالت زار پر گریہ وزاری کرے گا۔ انجن سے آوازیں آرہی ہیں۔ بیاٹری کمزور ہے ٹائروں کے گردیں خراب ہو چکے ہیں یا نہیں تو کہے گا کہ گاڑی کے ٹیکسوں وغیرہ کے کاغذات میں کچھ نہ کچھ الجھن ہے۔ حالاں کہ ٹرافک قانون کے مطابق ڈرائیور کو دتفہ دتفہ سے نہ صرف خود اپنی صحت کی تصدیق کروانا پڑتا ہے بلکہ گاڑی کے لیے ROAD WORTHY سرٹیفکیٹ حاصل کرنا پڑتا ہے۔ غرض وہ یکے بعد دیگرے بہانے تراشتا جائے گا اور بے نیازی سے کروٹیں بدلتا رہے گا۔ آپ کچھ دیر بحث و تکرار کرتے ہیں پھر مایوس ہو کر ترغیبی ہتھکنڈے اختیار کرتے ہیں اور ڈرائیور کو منہ مانگا کرایہ ادا کرنے کی پیش کش کرتے ہیں۔ اس پیش کش کے ساتھ ڈرائیور کے سارے جسم میں بجلی کا کرنٹ دوڑنے لگتا ہے۔ وہ آن کی آن میں گرگٹ کی طرح رنگ بدلنے لگتا ہے۔ اور اچانک چاق چوبند ہو کر اٹھ کھڑا ہوتا ہے :

پھر دیکھیے، اندازِ گُل افشانیٔ گفتار
رکھ دے کوئی پیمانۂ صہبا مرے آگے

جلد ہی آپ ڈرائیور کے ہاتھ میں سنو روپیوں کا ایک گرما گرم نوٹ تھما دیتے

ہیں۔ گاڑی سڑک پر دوڑنے لگتی ہے۔

ویسے تو ٹیکسی ڈرائیور کیا اپنے، کیا پرائے سب کو ایک لاٹھی سے ہانکتے ہیں لیکن بیرونی ممالک سے آنے والے مسافروں کے ساتھ امتیازی سلوک کرتے ہیں۔ مسافروں کو دیکھتے ہی ڈرائیور کی آنکھوں میں خون اُتر آتا ہے اور وہ جلّادی کرنے لگتا ہے۔ وہ مسافر کی تمام مجبوریوں کا فائدہ اٹھاتے ہوئے اسے طرح طرح سے ٹھگتا ہے۔ وہ جانتا ہے کہ سفر کی تھکان کے بعد مسافر اپنی اپنی منزل پر پہنچنے کے لیے بے چین ہوتا ہے۔ چنانچہ وہ اس کی تڑپ اور بے قراری کے دام وصول کرتا ہے۔ حکومت کی طرف سے مقرر کیے ہوئے کرایہ کی شرح کو یکسر نظر انداز کرتے ہوئے وہ اپنی مرضی سے اندھا دھند کرایہ طلب کرتا ہے۔ آپ تنہا ہوں، آپ کے ساتھ بیوی بچے ہوں، سامان ہو یا نہ ہو، ہر صورت میں آپ کو مقررہ کرایہ سے کئی گنا زیادہ اُجرت ادا کرنی ہوگی یہ ہرجانہ ہوتا ہے آپ کی ضرورت کا، آپ کی مجبوری کا اور آپ کے حالات کا۔

سانپ ہمیشہ ٹیڑھا چلتا ہے ڈرائیور بھی کبھی سیدھے نہیں چلتے۔ ہر وقت برگشتہ راستوں پر گاڑی دوڑاتے ہیں۔ مسافت کو غیر ضروری طول دیتے ہیں اور گھومتے گھماتے منزل پر پہنچتے ہیں ان کا مقصد صرف یہ ہوتا ہے کہ زیادہ سے زیادہ کرایہ وصول کریں حالاں کہ اکثر سڑکوں میں راستے تکلیف دہ ہوتے ہیں وہ خود غرضی میں اندھے ہو کر یہ بھی نہیں سوچتے کہ مسافر کن حالات سے گزر رہا ہے۔ وہ بیمار ہے، اسے بعجلت دواخانہ پہنچنا ہے، وہ مسافر جسے ٹرین یا ہوائی جہاز پکڑنا ہے یا کوئی اور سنگین صورت حال یا مجبوری درپیش ہے۔ وہ لگاتار مسافر

کھونٹنے کے لیے منصوبہ بند طریقے اختیار کرتے ہیں اور خود اپنی حد تک اتنے محتاط ہوتے ہیں کہ پٹرول کی کفایت شعاری کے جتن کرتے ہیں۔ ہر ٹریفک سگنل کے پاس پہنچ کر گاڑی "آف" کرتے ہیں تاکہ چند قطرے پٹرول بچا سکیں۔ اکثر گاڑیاں از کار رفتہ ہوتی ہیں۔ ایک بار جو "آف" ہوئی تو اڑیل ٹٹو کی طرح سرکش ہو کر آگے بڑھنے سے انکار کرتی ہیں۔ ڈرائیور "بونیٹ" BONNET اٹھا کر پلگ پوائنٹس کاربوریٹر اور بیٹری کی جانچ پڑتال کرنے لگتا ہے اس دوران مسافر بے وقوفوں کی طرح گاڑی میں بیٹھے اپنی قسمت کو کوسنے لگتا ہے۔

عام طور پر دور دراز ممالک سے وطن واپس ہونے والے مسافروں کو ائیرلائنس کی طرف سے مختصر وقفے کے لیے ٹرانزٹ TRANSIT کے دوران ہوٹل میں قیام کی سہولت فراہم کی جاتی ہے۔ متعلقہ ہوٹل اپنی خصوصی بسوں کے ذریعہ مسافروں کو ائیرپورٹ اور ہوٹل کے درمیان لاتی لے جاتی ہیں ورنہ مسافروں کو ٹیکسی گاڑیوں کے ذریعے ہوٹل جانے کے لیے کہا جاتا ہے۔ ایسی صورت میں ٹیکسی کا کرایہ بھی ہوٹل کی طرف سے ادا کیا جاتا ہے۔ بعض ڈرائیور اس انتظام سے ناواقف ہوتے ہیں آپ جب بھی ٹیکسی میں بیٹھتے ہیں تو ڈرائیور عادتاً آپ کو سارے شہر کی سیر کراتا ٹیڑھے ترچھے راستوں سے گزرتا ہوا ہوٹل پہنچتا ہے۔ آپ ڈرائیور کو بار بار ٹوکتے ہیں کہ وہ غیر ضروری طور پر پیچ دار راستوں سے گزر رہا ہے، لیکن وہ آپ کی ایک نہیں سنتا۔ ڈیڑھ دو گھنٹوں کے صبر آزما سفر کے بعد بالآخر آپ ہوٹل پہنچتے ہیں اور ڈرائیور سو روپے کرایہ طلب کرتا ہے۔ جوں ہی آپ ڈرائیور کو بتاتے ہیں کہ ٹیکسی کا کرایہ ہوٹل کی طرف سے ادا ہوگا تو ڈرائیور ہکا بکا ہو کر آپ کی صورت دیکھنے

لگتا ہے کیوں کہ وہ جانتا ہے کہ وہ ہوٹل صرف مقررہ کرایہ (چالیس روپے) ادا کرے گا۔ اسے احساس ہوتا ہے کہ آپ کو بیوقوف بنانے کی کوشش میں خود دھوکا کھا چکا ہے۔ آپ چپ چاپ اپنا سامان لے کر اپنے کمرے کی طرف بڑھتے ہیں اور ڈرائیور زخمی شیر کی طرح بپھرا ہوا وہاں سے کھسک جاتا ہے کیوں کہ وہ نہیں چاہتا کہ پولیس وہاں پہنچے اور اس کے خلاف قانونی کارروائی کرے۔

بعض ایرپورٹس پر ڈرائیور لمبی قطاروں میں گاڑیاں ٹھیرلتے ہیں۔ اب اس بات کا انحصار آپ کی قسمت پر ہوتا ہے کہ کس قسم کے ڈرائیور سے آپ کا پالا پڑتا ہے۔ پھر آپ اس کے رحم و کرم پر ہوتے ہیں۔ ہر گاڑی میں ڈرائیور کے ساتھ ایک گبرو جوان ہوتا ہے مسافر طنزیہ طور پر پوچھتا ہے کہ "یہ کباب میں ہڈی کیسی؟" ڈرائیور فوراً جواب دیتا ہے کہ "یہ اس کا قریبی عزیز ہے اور شہر گھومنے کے لیے آیا ہوا ہے۔" درحقیقت ڈرائیور مسافر کو اُلو سمجھتا ہے کیوں کہ ایرپورٹ پر کھڑی ہر گاڑی میں ایک کڑیل نوجوان ڈرائیور کے ساتھ خوش گپیاں کرتا نظر آتا ہے۔ کیا وہ سب کے سب شہر گھومنے کے لیے آئے ہوئے ہیں؟ اگر مسافر بحث۔ باحثہ کرے تو جواب ملتا ہے کہ وہ اپنی حفاظت کے لیے ایک مددگار کو ساتھ رکھنے پر مجبور ہے۔ اگر معروضات اور اندیشوں کی بنیاد پر ڈرائیور کی اس دلیل سے اتفاق بھی کیا جاتا ہے تو اس کا کیا جواب ہے کہ اس سے خود مسافر کی صیانت خطرے میں پڑ جاتی ہے۔ اکثر صورتوں میں مسافر اکیلا ہوتا ہے اس پہ رات کا سناٹا، سڑکیں سنسان، بجلی کبھی ہے تو کبھی غائب اس گھٹاٹوپ اندھیرے میں مسافر دو اجنبیوں کی قیادت میں سفر کرنے پر مجبور ہوتا ہے۔ طرفہ یہ ہے کہ بعض وقت ڈرائیور عام سڑکوں سے انحراف کر کے کچے راستوں

اور پگڈنڈیوں پر گاڑی دوڑاتے ہوئے ماحول کو مزید پُراسرار بنا دیتا ہے۔ فطری طور پر مسافر بے پناہ خوف و ہراس کا شکار ہو جاتا ہے۔ اُس کی زبان گنگ ہو جاتی ہے۔ ہاتھ پیر پھول جاتے ہیں۔ اس دوران ڈرائیور مسافر پر سوالات کی بوچھار کرتا ہے۔

اُدھر وہ بدگمانی ہے، اِدھر یہ ناتوانی ہے
نہ پوچھا جائے ہے اس سے نہ بولا جائے ہے مجھ سے

اگر مسافر تجربے کار ہے تو وہ ڈرائیور کو اپنے کام سے کام رکھنے کی تاکید کرتا ہے ورنہ بعض بیوقوف مسافر اپنی ساری زندگی کی کتاب کھول کر اجنبی ڈرائیور کے سامنے رکھ دیتے ہیں۔ نفسیاتی طور پر جب تک مسافر سنجیدہ ہوتا ہے، ڈرائیور اپنے آپ کو محکوم سمجھتا ہے جوں ہی مسافر نے بے تکلفی برتی، ڈرائیور کا حوصلہ بلند ہوتا ہے اور وہ مسافر کو ٹھگنے کی اسکیمیں ترتیب دینے لگتا ہے۔ خلیج کے بعض ممالک میں جہاں عالیشان کاروں کی بہتات ہے۔ ٹرانسپورٹ سروس انتہائی دلچسپ ہے۔ زیادہ تر بسیں انفرادی طور پر ڈرائیوروں کی ملکیت ہیں۔ چنانچہ وہ کسی بندھے ٹکے نظام یا قانون کے پابند نہیں ہوتے بلکہ آزادانہ طور پر خود ساختہ راستوں پر گھومتے پھرتے ہیں۔ اکثر شہر تعدادِ آبادی کے لحاظ سے چھوٹے ہیں۔ آپ شہر کے کسی بھی حصہ میں جانا چاہیں تو آپ کو ایک مقررہ کرایہ ادا کرنا پڑے گا۔ فاصلے کی کوئی اہمیت نہیں کم ہو یا زیادہ ہر صورت میں کرایہ میں کوئی کمی بیشی نہیں ہوتی۔ بسیں شہر کے اطراف ایک دائرہ کی شکل میں گھومتی ہیں۔ ڈرائیور انتہائی خود سر ہوتے ہیں۔ بار بار اپنی جیب ٹٹول کر موجودہ رقم کا تخمینہ کریں گے۔ اگر مناسب سمجھیں تو سواریاں قبول کریں گے ورنہ صاف انکار کریں گے اور کسی گھٹے

میں جاکر آرام کریں گے۔ باقاعدہ "بس اسٹاپ" کہلا سکے کوئی وجود نہیں۔ ڈرائیور سڑک پر بے تاج کا بادشاہ ہوتا ہے۔ جہاں سے چاہے اپنا سفر شروع کرے جب چاہے رُک جائے۔ جب چاہے پھر چلنا شروع کردے۔ آپ ایکبار بس میں بیٹھ بھی جائیں تو اس بات کی گارنٹی نہیں ہوتی کہ آپ اپنی منزل پر بالآخر پہنچیں گے۔ اس کا انحصار بڑی حد تک اس بات پر ہوتا ہے کہ بس میں موجود مسافروں کی اکثریت کس مرحلے تک آپ کا ساتھ دیتی ہے۔ وقفہ وقفہ سے ڈرائیور سڑک پر ٹھیرے ہوئے مسافروں پر نظر ڈالے گا۔ پھر گاڑی میں بچے کھچے مسافروں کی سردم شماری کرے گا اگر گاڑی میں کثیر تعداد میں مسافر موجود ہوں تو ٹھیک ہے اور وہ خالی نشستوں کو پُر کرنے کی کوشش کرے گا لیکن اگر گاڑی میں موجود مسافر اقلیت میں ہوں تو فوراً ڈرائیور ان مسافروں کو دیکھتا ہے اگلے بس اسٹاپ پر ٹھیرے ہوئے مسافر جن کی تعداد کثیر ہوتی ہے ان کو گاڑی میں بٹھائے گا اگر وہ مخالف سمت میں جانا چاہیں تو گاڑی کو یکلخت موڑ لے گا اور گاڑی کے اقلیتی مسافروں کے ساتھ بے رُخی برتتے ہوئے ہر ایک کو ادا شدہ کرایہ واپس کرے گا اور فوراً گاڑی سے اُترنے کے لیے حکم دے گا۔ اب تک اس کی منزل کچھ تھی لیکن اب نئی منزل کی طرف فرّاٹے بھرنے لگے گا۔ ڈرائیور کے اس طرزِ عمل پر آپ نہ تو احتجاج کر سکتے ہیں نہ شکایت، کیوں کہ ویسے بھی اُس نے آپ کا کرایہ آپ کو لوٹا دیا ہے، اور سفر کا مختصر حصّہ جو آپ طے کر چکے تھے اس کے لیے آپ کو کچھ نہیں ادا کرنا پڑا۔ جہاں تک آپ کے وقت کی بربادی کا تعلق ہے، اس کے لیے آپ کوئی شکایت نہیں کر سکتے۔ اگر آپ ضروری کام سمجھا ہے

ہمیں تو یہ صورت حال انتہائی تکلیف دہ ہوتی ہے کیوں کہ آپ نہیں جانتے کہ دورانِ سفر کس مرحلے پر آپ گاڑی سے اُتار دیئے جائیں گے۔ ڈرائیور گاڑی چلاتے ہوئے خود ہی مسافروں سے کرایہ وصول کرتا ہے اور بار بار پلیٹ پلیٹ کر اُن سے سوالات بھی کرتا جاتا ہے۔ سڑکوں پر گاڑیوں کا ہجوم ہوتا ہے اور ڈرائیور کا یہ رجحان اور لاپرواہی کبھی کبھار انتہائی خطرناک صورت حال پیدا کر دیتی ہے۔